心理学宇宙系列

焦虑星人自救指南

八种改变焦虑习惯的有效方法

刘玉涛 编著

中国法制出版社
CHINA LEGAL PUBLISHING HOUSE

前言 Preface

焦虑似乎已经成为我们生活中的一部分，升学、晋升、买房、投资等，都可能成为我们焦虑的来源。正如木心先生所说："生命是时时刻刻不知如何是好。"

我们也是如此讨厌焦虑所带来的感觉，它让我们紧张不安、心慌胸闷，也让我们辗转反侧、茶饭不思、精神萎靡，这样的感觉糟糕透了。于是，我们开始把"焦虑"当成敌人，与之展开博弈，非要比出胜负才肯罢休。然而，压迫焦虑会制造出更多、更严重的心理问题。焦虑很可能像脱缰的野马，最终发展成焦虑症、抑郁症或强迫症。

其实，每种情绪的存在，都有其积极的意义：

- 远古时代，焦虑可以保护穴居人免受野兽与野蛮邻居的侵扰；
- 焦虑可以加速我们肾上腺素的分泌，让我们的思绪集中；

- 焦虑是成长的原动力，有焦虑说明我们拥有上进心；
- 焦虑赋予我们压力和动力，能最大限度地激发我们的潜能，提高学习与工作的能力。

如此看来，焦虑有它存在的必要性，就好比一条航船必须有压舱物，如果少了它，航船不能保持平稳，也就无法正常行驶了。因此，焦虑本身不是问题，如何看待焦虑才是问题。与其惧怕焦虑，打压焦虑，不如尝试与焦虑和平共处。

这本《焦虑星人自救指南：八种改变焦虑习惯的有效方法》能够帮助读者更好地了解焦虑，适应焦虑。本书运用各种心理学知识，对焦虑进行了深刻的剖析与探讨。通过本书，读者可以了解焦虑的本质与来源，以及焦虑症的成因。本书结合案例，对焦虑者的思维方式与想法进行解读，从而帮助读者正视焦虑感受，用科学、有效的方式来缓解它，消除它。

本书用心理学理论结合现实案例，生动活泼，深入浅出，在给读者带来美好的阅读体验的同时，还能引发读者对“焦虑”更全面、更深刻的思考。本书有一些心理小测试，能帮助读者了解自己的焦虑倾向，但需要注意的是，这些小测试只是为读者认识自己提供一个角度，仅供参考。

如果你陷入焦虑的旋涡无法自拔，如果你在抱怨生活的诸多不如意，就请翻开这本书，它将指引你走出焦虑的困境。

最后，要对刘丽老师表示感谢，是在她的帮助下本书才得以尽快写作完成。另外，于富荣、于福莲、曹烈英也对本书的写作提供过帮助，在此一并表示感谢。

目录
Contents

第七章　调节情绪，在焦虑控制你之前“先发制人”

第八章　简化生活，建立合理的行为程序

第一章

战胜焦虑，从正确认识焦虑开始

焦虑是人类与生俱来的一部分

什么是焦虑？在心理学上，焦虑是一个极为重要的概念，但是关于焦虑的精确定义却很难在心理学著作中找到。

20世纪70年代，美国心理学家卡罗尔·伊扎德采用因素分析的方法识别出人类的11种基本情绪，即兴趣、惊奇、痛苦、厌恶、愉快、愤怒、恐惧、悲伤、害羞、轻蔑和自罪感。他将“恐惧”“自罪感”“痛苦”“愤怒”叠加的复合情绪定义为“焦虑”。

你应该有过焦虑的体验：当你为考试、求职忧心忡忡时，当你为自己的终身大事辗转反侧时，当你为孩子的教育百般苦恼时，当你对现状有诸多不满时……焦虑令你在某个阶段无所适从。

如果焦虑的状态长时间得不到改变，就可能会折磨我们的心灵，减少我们的快乐，甚至给身体带来伤害。因此，正确地面对焦虑非常重要。有心理学家指出：要认识焦虑，我们首先要明白一点：它是我们人类与生俱来的一部分。从人类诞生之日起，人们就生活在充满危险的环境中，猛兽、雷电、疾病、饥荒等无不困扰着人类。经过千万年的进化，人类逐渐拥有了躲避与应付危险的能力，一旦困难或危险临近，人们就开始产生焦虑心理，内心感到不安或恐惧，这其实是一种自我保护的应激反应。试想一下，当一个人遇到危险或困难时，没有任何情绪感知，这才是很恐怖的事。

因此，当焦虑产生时，我们要积极地看待它，允许并接受它的存在，采用理性思维、相应的办法缓解或消除焦虑。著名心理学家罗洛·梅在他的代表作《焦虑的意义》中说过，焦虑是人类与生俱来的正常情绪，而善用焦虑还能将其转化为兴奋剂，达到事半功倍的效果。具体应该怎么做呢？

1.分析焦虑产生的原因

当焦虑产生时，要分析其根源，这样才能对症下药。奥地利心理学家弗洛伊德把焦虑分为3种类型：客观性焦虑、神经性焦虑、道德性焦虑。

客观性焦虑是指人们面对现实世界中的危险因素时产生的恐惧心理。比如，有的人在过桥时，总害怕桥会断裂；一个人在家时，总担心有人会入室行窃；面试时，总担心会发挥失常；等等。

神经性焦虑是客观性焦虑的升级版，是人们对财富、爱情、地位或权利等的欲望未能得到满足时而产生的一种自我怀疑、自我打击，甚至是精神崩溃。

道德性焦虑是指人们做了一些违背良知、违反法律或道德的事情时所产生的恐惧、羞愧或自卑的心理。比如，在感情上出轨了，成天忧心忡忡；在领导面前说错了话，一整天惴惴不安。

弗洛伊德认为，一个人的焦虑往往是以上两种或三种焦虑的混合。从某种意义上来理解，焦虑其实是对我们的一种提醒，它告诉我们现实生活出现了问题，唯有做出改变，才能让生活回归正常。

2.对目标或手段进行优化

心理学家认为，人们产生焦虑，多源于对当下与未来、进度与目标的不确定性。只有对目标或手段进行优化，才能有效减少焦虑。

（1）将结果正常化，而非灾难化。

当你面对一件事情时，你是否总是过于焦虑，而且会不自觉地预测各种危险？比如，演讲的时候，你总是担心PPT会不会播放不出来？麦克风会不会坏掉？观众会不会起哄？会不会突然停电？……要知道，对尚未发生的事情过多担忧，把结果灾难化，我们就很容易失去鉴别困难的能力。

因此，我们应当客观地看待事物，借助更多的可用信息，重新评估结果。比如，我看其他人演讲从来没有出现过这种事情，我已经做了充分的准备，演讲肯定没问题。只要我们认识到焦虑的后果不一定会发生，更不是灾难性的，我们的身体与心理就能回归正常的状态。

（2）走出舒适区域，而非逃避挑战。

你并不喜欢目前的工作，整天郁郁寡欢，很想换一份工作。但你总认为自己不能心想事成，害怕被拒绝，于是你下意识地逃避这种内心的焦虑感，不去付诸行动，似乎这样焦虑感就能自行消除。

心理学家认为，要学会走出舒适区域，学会在焦虑的状态下也能做有意义的事。比如，勇敢地参加面试，哪怕面试没通过，也要从积极的角度来考虑问题，告诉自己至少还有眼下的工作，试着去改变现状。

总之，我们应该正确并从容地面对焦虑，与之和平共处，并学会与之对抗的技能与方法，这样才能赋予我们面对当下与未来的勇气。

焦虑可能存在于你身体的每一处

“马上要考试了，我这段时间晚上都睡不着觉，胸口就像压着东西一样。”

“我一想到要和人交流沟通，就会感觉非常不自在，手脚都不知道该怎么放了，严重时还会出现眼前发黑、呼吸急促的现象。”

“最近压力可能太大了，完成业绩很有难度，我嘴角都上火了，口腔也有好几处溃疡。”

以上情境中的人处于焦虑状态。那么，你发现了吗？处于焦虑状态下的他们，身体都出现了不同程度的反应。

心理学家认为，焦虑存在于身体的每一处。人如果长期处于焦虑中，无疑会对身体造成伤害。那么，当焦虑来袭时，身体会出现哪些反应呢？

睡眠问题。当内心感到不安时，睡眠就成了困难的事情。因为焦虑导致大脑很难平静，使人无法放松从而难以入睡，因此会出现入睡困难、辗转反侧、多梦易醒、醒后不易入睡等症状，严重的还会做噩梦，甚至从梦中惊醒。

肌肉紧张。人在焦虑的时候，身体的每块肌肉都在应激状态中紧绷着，如双手握拳、嘴角抽搐、背部僵硬等。

消化不良。当要考试或当众讲话时，他们就很想上厕所，要么腹泻、腹胀，要么感觉胃部绞痛。其实这是焦虑引起的一种肠易激综合征，要知道，人的肠胃对心理压力非常敏感。

当然，严重的焦虑还会引发更严重的身体症状，如胸闷气短、呼吸急促、手脚麻木、眼神涣散、大汗淋漓、头晕乏力等。

的确，不同程度的焦虑会引发不同的身体问题，但同时心理学家认为，当人的身体机能出现问题时，心理方面的疾病也会离我们越来越近，因为身体的症状会强化焦虑的想法，从而形成一种恶性循环。因此，当我们的身体足够放松时，精神也会得到放松。正如美国生理学家、医学博士埃德蒙·雅各布森所说，当我们身体放松的时候，我们的精神是不会焦虑的。同理，心理学上的情绪ABC理论认为，当我们的思维积极、放松时，我们的身体也会放松下来，从而减轻焦虑。

所以，当我们想要减轻焦虑时，可以从身体方面入手，也可以从思想方面入手，或是两者联动。心理学家认为，选择健康的生活方式，学习基本的放松术，学会与我们的身体对话，可以达到缓解焦虑的目的。

冥想。传统的冥想姿势是盘腿而坐，双手自然放于膝盖上。但是，找到一种让自己放松的姿势似乎更重要，不拘泥于形式，任何时间、任何地点，你都可以进行冥想。

冥想时，闭上眼睛，深深地吸气，慢慢地吐气，把注意力放在你当前的状态，如呼吸和身体的感觉上。

冥想是身体与心灵的对话。早有研究表明，冥想可以有效地减轻压力、放松身体并提高学习和工作的效率。不仅如此，长期冥想还能锻炼大脑，从而让你更有效地处理信息。类似的方法还有瑜伽、按摩等。

养宠物。2002年，纽约州立大学布法罗分校的一项研究表明，在进行紧张的工作时，宠物的陪伴比配偶、家庭成员或者密友的陪伴更能使人减压。还有相关研究表明，动物的陪伴能帮助人的大脑减少压力激素皮质醇的产生，从而让人感到放松。

总之，养宠物能减轻人们的焦虑感与孤独感，因为它们是很好的倾听者，而且这些动物总是无条件地爱它们的主人。

听舒缓的音乐。研究表明，舒缓的音乐能帮助大脑释放快乐激素——多巴胺。因此，可以考虑让音乐治疗师来帮助我们缓解焦虑和压力，也可以通过学习乐器、创作音乐等来缓解焦虑。

另外，写日记、运动、走进大自然等也是减少焦虑对身体影响的方法，可以帮助我们逐渐摆脱焦虑的困扰。

进化：焦虑是一种自我保护机制

大多数人认为，焦虑并不美好，它让人恐惧、不安、低落，甚至崩溃。然而，心理学家却认为：焦虑大体上并非坏事，它其实是一种自我保护机制。

设想这样一个场景：

远古时代，我们的祖先正在野外觅食。突然不远处出现了一只饥饿的老虎，正盯着他们。

预感到危险来临，他们的焦虑值迅速攀升，身体的警报开始拉响，大脑中的下丘脑–垂体–肾上腺素轴（HPA）被激活，开始调动感官、生理及脑力来应对危机：

- 他们的视觉开始敏锐，迅速观察逃跑的路径以及即将展开战斗的环境；
- 他们思维加速，脑海中迅速筛选出最佳的应对方式；
- 注意力高度集中；
- 呼吸变得急促，从而增加氧气的供应；
- 大量的血液和能量被提供给与求生相关的肌肉和组织，以此增加战斗能力，提高逃跑速度；
- 皮肤出汗，可以给紧张工作的肌肉降温。

由此可见，焦虑能调动人体的多个调节系统，是一种本能的预警机制，能帮助人类在危险面前迅速进入一个适合机体存活的状态，因此，焦虑对人类生存具有重大的意义。试想一下，如果没有焦虑这种保护机制，面对老虎时，人类会怎么样呢？人类可能就无法繁衍至今了。所以，心理学家认为，焦虑一直伴随着人类的进化过程。

随着人类的不断发展，在当今社会，人类焦虑的原因已不再是如何躲避猛兽的追咬、雷电大火的袭击等，而是社交、工作等。存在主义心理学家罗洛·梅在《焦虑的意义》中写道："焦虑的作用最初在于保护穴居人免受野兽与野蛮邻居的侵扰。今日，焦虑的情景已大不相同。我们害怕在竞争中失败，感到不被需要，孤立无援，浪迹天涯。"

孩子能考上心仪的中学吗？伴侣会一直爱我吗？竞争中我会失败吗？我的股票投资会有回报吗？……当代社会的每个人无不被这些焦虑支配着。

但罗洛·梅依然认为："焦虑的作用仍然在保护我们免于带来相同的危险：我们的实存，或者我们认同的价值。除非我们以麻痹自己的感情与想象力为代价，否则这种生命的常态将无法避免。"在他看来，焦虑"必须存在"。

1.焦虑=聚焦+思考

试着回想一下，上一次让你感到焦虑的事情是什么？现在的结果怎么样呢？是否在你未雨绸缪、诚惶诚恐的应对下，有了一个不错的结果？

当焦虑来临时，不妨集中精力思考，如何采取可行的措施应对问题，从而规避各种风险，减轻焦虑带来的负面感受。

正如心理学家认为的那样，焦虑与个人价值的特殊关联决定了焦虑的意义是“面对”它，而不是“绕过”或者“躲避”它。

2.焦虑是一种创造能力

随着生活与工作压力的不断增加，社会似乎已进入全民焦虑时代。从另一方面来说，人人都焦虑的时候，有的人却能把焦虑化为一种动力，他们不断锐意进取，在焦虑中探索、进步。

不过，需要注意的是，心理学家认为焦虑是一种创意与想象的能力，阻隔焦虑会让人冷漠与空虚。但不是说越焦虑越有创造力，适度的焦虑才能使人进步，正如紧张的琴弦能弹奏出悦耳的音乐，而绷断的琴弦却毫无价值。

请注意，焦虑情绪不等于焦虑症

焦虑症又称为焦虑性神经症，是一种精神类疾病。焦虑症是以焦虑、恐惧、担忧、不安等为主要表现的精神障碍。乍一听，似乎每个人都有焦虑、恐惧、担忧、不安的时候，难道这就是焦虑症？

其实，焦虑情绪和焦虑症是不同的。焦虑情绪是人们在遇到挑战、困难或危险时的一种正常情绪。再严重的焦虑情绪，也只是情绪问题。但焦虑症不同，这是一种病理性的情绪状态，属于精神层面的问题。因此，焦虑情绪与焦虑症有着本质的区别。

那么，如何区分焦虑情绪和焦虑症呢？大量的心理学研究发现，两者具有以下4点区别。

（1）焦虑情绪可以激发人的内在动力，但焦虑症会导致个体精神的痛苦及自我效能的下降（自我效能指人对自己是否能够成功地进行某一行为的主观判断，它与自我能力感是同义的）。

焦虑的体验并不美好，它是压力的衍生物。但是适当的焦虑能引发我们的内驱力，使我们更积极地思考并解决问题。

比如，我们察觉自己的身体过于肥胖，因此对健康感到焦虑，这很可能会促使我们做出积极的改变，如开始运动，或者健康饮食。

而焦虑症不同，焦虑症患者通常持续且无原因地感到焦虑不安，并毫无理由地预感灾难的来临，同时还伴有明显的自主神经紊乱。这些都让焦虑症患者感到痛苦不堪，因而影响生活与工作。

（2）焦虑情绪对外界刺激反应正常，但焦虑症对外界刺激非常敏感，并且容易泛化。

“泛化”是心理学上的一个词，指某种反应（包括行为、心理、生理反应）和某种刺激源形成联系后，对于其他类似的刺激源都会出现该类反应（已经泛化）。在一些刺激源不相同的情况下，也会出现某种特定的反应。心理学将一个人的行为、心理、生理反应有无“泛化”作为焦虑情绪与焦虑症的重要区别之一。

“一朝被蛇咬，十年怕井绳”可以用来形容“泛化”的发生。一个人被蛇咬了，自此看到蛇就非常害怕，这是正常的情绪与心理。但自此后，他害怕一切与蛇有关的玩具、图案、海报等，甚至当他看到蜿蜒的公路、弯曲的细长绳也会引发焦虑与恐惧，这就是“泛化”了。

总之，焦虑情绪对外界的刺激反应正常，不存在应激状态，而焦虑症则是一种泛化的状态。

（3）焦虑情绪的产生是有确切原因的，并且是阶段性的；而焦虑症是一种无固定目标的焦虑、恐惧，并且伴随着惊觉增高的躯体症状。

正常人往往会因为最近一两件“迫在眉睫”的事情引发焦虑情绪，如面对即将来临的考试会不由得感到紧张焦虑，但这种情绪通常在我们有限的矛盾之中，正常的触动是可调控的，并且在事情完成后，焦虑感就消失了。

但焦虑症不同。焦虑症患者通常对环境有一种无事实依据的担忧与恐惧，对任何事情都感到焦虑，并且下意识地放大一切敏感因素，通常会感受到真实的、难以控制的恐惧与危险。

比如，一个35岁的男人失业了，想着上有老，下有小，还有房贷、车贷等各种经济压力。他想：“完了，这种困境如何过去？过不了多久，家里就要揭不开锅了。”

按理说，家里的顶梁柱突然失业，有这种想法也正常，但是对于一个焦虑症患者来说，他似乎正在经历由自己幻想出来的悲惨境地，这些可怕的场景是如此真实：他穿什么样的衣服、在什么地方、和老婆吵架的内容、家人失望的眼神，甚至是落魄地在街上乞讨等，绝非仅仅一句“揭不开锅”。

这些幻想出来的场景让他痛苦不堪，身体也不由自主地发抖、呼吸困难，甚至惊恐发作。他确信，这些场景在不久的将来就会出现。

总之，焦虑症患者总是“想太多”，并且过于夸大事件的严重后果。这样的焦虑不会随着事情的结束而消失。相反，焦虑带来的心理杂念及身体症状是持续性的，几乎不给患者喘息的空间。

（4）焦虑情绪是一种正常的情绪，神经系统没有明显问题；但焦虑症是神经系统异常，核心部位发生了损伤。

在医学上，焦虑症有严格的诊断标准，如果你怀疑自己得了焦虑症，不妨先问问自己：“让我焦虑的原因是什么？是针对某件事，还是对未来不可把控的消极的想象？”带着你的自我剖析去正规的医院或心理机构进行咨询，如果诊断结果是焦虑症，就需要进行积极有效的治疗。

为什么一不忙碌就会焦虑?

你可能有过这样的体验：当你忙得焦头烂额时，内心会产生一种渴望，希望能闲下来，然后好好睡个觉，不被时间所束缚。但奇怪的是，当你真正拥有了清闲的时间，你发现自己根本无法静下心来享受时光，没过几天你便开始烦躁、焦虑，为自己浪费了宝贵的时间而感到懊悔，希望自己能立刻忙起来。

随着社会的进步，生活压力的增大，人们变得越来越忙碌了。看起来很忙，他们是被逼无奈吗？《纽约客》的一位专栏作家指出：大部分人的持续忙碌源于自己的主动选择。

那么自主忙碌的背后反映了什么样的问题呢？心理学家认为，这可能是焦虑感在作祟，一旦停止忙碌，很多人就会陷入深深的焦虑之中。为了避免这种焦虑，人们会下意识地主动选择忙碌。这也印证了下面这个实验结果。

曾有人做过这样一个实验：他们找了一群参与者，设置了两个任务，这两个任务之间有15分钟的休息时间。在这段时间里，参与者需要将第一个任务中的调查表交到指定地点。他们可以任选下面一种交表方式：

一、花12分钟将调查表交到指定地点，3分钟后进行下一个任务；

二、就在指定地点附近的服务点交表，15分钟后进行下一个任务。

结果显示，他们中的多数人选择了第一种交表方式，因为这种方式可以减少一个人无所事事的等待时间。在情绪反馈上，选择第一种交表方式的人心情更愉悦，选择第二种交表方式的人在等待的过程中逐渐表现出烦躁不安。

那么，为什么一不忙碌就会焦虑呢？心理学家认为，自主忙碌反映了人们内心深处千差万别的想法与情绪需求。

1.有的人忙碌，源于他们内心深处对爱的渴望，以及对被需要的渴望

他们也许没有意识到，并不是工作本身很忙碌，而是他们需要在工作中获得“被需要”的感觉，即与他人的互动，以及他人的肯定与依赖。而停止忙碌，焦虑便会产生，焦虑的背后反映了他们内心深处的恐惧——他们怀疑自己在工作之外不被需要，也不被人真心所爱，他们感觉自己失去了价值，甚至被人遗忘。不仅如此，停止忙碌，他们还会担心自己的工作被替代，那样工作中的存在感也可能失去。因此，忙碌便成了他们获取幸福感、充实感的一种途径。

2.有的人忙碌，是因为他们认为清闲是懒惰、消极的代名词

职场文化无处不在，人们的生活与工作已经没有明显的界限，人们可以在周末收发工作邮件，随时随地开启工作模式。这种一直在线的职场文化让越来越多的人产生了这样的认知：忙碌意味着对公司的价值高，忙碌是认真工作的表现，休息是一种消极、懈怠的工作态度。于是，清

闲与懒惰画上了等号，忙碌与尽职画上了等号。人们就算真的想休息，也担心被老板视为不尽职而不敢休息。

3.有的人忙碌，源于一种深刻的存在主义绝望

心理学家认为，有的人一旦停止忙碌，会过多地思考“生命的意义是什么”“我为什么要活着”之类的存在主义问题，他们会深刻地意识到自己的渺小、生命的脆弱，从而怀疑自我存在的意义，陷入虚无感中，继而产生巨大的、难以承受的悲观与绝望。因此，对于有些人来说，忙碌是避免陷入虚无感的一种手段。

忙碌虽然可以暂时性地缓解焦虑，但不能带来身体与精神上的真正放松，长此以往，还会给人带来很多恶果，如导致人际交往失和、关系破裂等。如果你是个一停止工作就焦虑的人，不妨从以下3点做起，开始改变自己。

（1）安排好每天的计划，把最难的事放在精力最旺盛的时候去做。

心理学家认为，人的精力是有限的，强迫自己忙碌是需要意志力的，而一旦意志力被消耗过多，自控就会变成失控。肌肉模式告诉我们，人的自控力从早到晚是逐渐减弱的，我们应该把最难的事情放在精力最旺盛的时候去做。因为科学、合理的时间安排能提高工作效率，从而避免精力的

超负荷使用，无形中也避免了焦虑感的产生。

（2）学会享受任务间歇的休息时间。

比如，中午利用15—30分钟的时间小憩。这短短的时间不仅能提升人的记忆力，还能给身体充电，帮助人们“清空”大脑，为后续接触的新信息腾挪空间。

（3）制定奖励机制，给予自己休闲娱乐的时间奖励。

每完成一个小目标，可以给予自己一个小小的奖励，如奖励自己花20分钟享受一块蛋糕的美妙滋味。每完成一个大目标，可以给予自己一个较大的奖励，如花一天的时间去爬山、泡温泉。这样，你就不会觉得吃蛋糕、爬山、泡温泉是不务正业，也不会感到焦虑了。

“焦虑星人”常见的5点特征

心理学家认为，一个人的焦虑是很难掩饰的，他的神态、动作、语言等都会泄露他的心思。一般来说，焦虑的人往往有以下5点表现。

1.过分担心“未来会有危险”

“焦虑星人”通常有丰富的想象力，尤其爱幻想“未来的危险”，可谓“恐怖片”的制作高手。在他们的脑海中，未来会发生很多危险。

比如，看到电视上播出的灾难性新闻，他们身上超强的“第六感”让他们深信这些事一定会在不久的将来发生在自己身上，尽管这种感觉在大多数时候都是错的。

小A每次出行前，总感觉自己会在旅途中生病、遭遇暴风雪甚至是飞机失事，因此出行前，她会准备一大箱东西，以防风险。如果要坐飞机，她会先写好遗书。尽管她所担心的事情一次也没有发生，但这依然让她焦虑，所以每次出行她都会把自己搞得身心疲惫。

2. 神经紧绷，总是处于一种高度警觉的状态

对于“焦虑星人”来说，他们觉得周围处处充满危险。比如，走在路上，总感觉有人在尾随自己。如果是夜晚一个人走在小路上，有这种感觉是正常的，但“焦虑星人”不分白天黑夜，哪怕是人流量大的地方，他们也感觉有人想对自己不轨。

总之，周围的环境让他们神经高度紧张，难以放松。心理学家认为，神经的紧绷会在躯体上出现一定的反应。比如，他们总是感觉头疼、气短、胸闷、失眠等；更严重的还

会形成“条件反射”，一旦焦虑来临，便感觉血液直冲大脑，心脏像被人揪住一样，整个人晕乎乎的。

3.容易钻牛角尖，对过去的人和事难以释怀

“焦虑星人”非常固执，爱钻牛角尖，喜欢反复纠缠，对过去的人和事难以忘怀，尤其是那些让他们感到痛苦的人和事。

如此看来，“焦虑星人”爱沉浸在过去，也爱幻想未来的风险，但难以安然享受当下。内心的焦虑感已经让他们对当下无所适从。

4.控制欲强烈

小敏谈过两次恋爱都无果。最近，小敏又投入了第三次恋爱，但是没过多久，男朋友就向小敏提出了分手，理由是小敏的控制欲太强。小敏快要崩溃了，她不明白为什么自己的恋爱道路如此坎坷，于是她向当了心理医生的朋友于娜求助。

在沟通中，于娜终于明白小敏恋爱期间的问题所在。小敏自幼父母离异，这使她成了一个极其缺乏安全感的人。在恋爱期间，她总是限制对方的独处空间，希望恋人24小时都和自己在一起，一旦对方有事外出，

小敏就担心他是不是和其他女人在一起。这种想法让她焦虑万分，于是她会不停地给对方打电话，甚至跑到男朋友公司去闹。不仅如此，小敏还经常问对方莫名其妙的问题，其目的就是测试对方爱不爱自己……

心理学家认为，容易焦虑的人往往有很强的依赖性和控制欲。而控制欲强的根源恰恰是失去了掌控感，他们的内心充满了恐惧与焦虑。为了对抗这种让人难受的身心反应，他们会试图找回控制权，却因此陷入了越控制越失控的境地。如果不解决内在的恐惧问题，焦虑就会一直存在。

5.有一定程度的强迫行为

你身边有没有这样的人，出门了总怀疑门没锁、煤气没关，要回家检查一遍才放心，否则一整天就会心神不宁。还有的人非常爱洗手，或者睡觉前要把所有的东西归位才行。心理学家认为，如果不是强迫症，这些行为就说明对方这段时间很焦虑。

另外，讨厌改变、情绪起伏、过分小心、斤斤计较、遇事规避或逃跑等行为的出现，也可能与焦虑情绪有关。不管怎样，焦虑是一把双刃剑，严重的焦虑会影响我们的工作、学习、社交等。如果自己无法克服焦虑，那么可以考虑寻求心理咨询师的帮助。

小测试：你的焦虑到了什么程度？

下面共有20条描述，请仔细阅读每一条，根据你最近一周的实际感受选出最适合你的选项。请勿过多地思考，尽快完成题目。每道题只能选一个选项，A计1分，B计2分，C计3分，D计4分。本测试只是为你认识自己提供一个角度，仅供参考，不具有诊断意义。

1. 我觉得比平时容易紧张和着急。

A. 没有或很少时间　　B. 小部分时间

C. 相当多时间　　D. 绝大部分时间

2. 我会无缘无故地感到害怕。

A. 没有或很少时间　　B. 小部分时间

C. 相当多时间　　D. 绝大部分时间

3. 我容易心烦意乱或变得惊恐。

A. 没有或很少时间　　B. 小部分时间

C. 相当多时间　　D. 绝大部分时间

4. 我觉得我可能要发疯。

A. 没有或很少时间　　B. 小部分时间

C.相当多时间　　　　D.绝大部分时间

5.我觉得将要发生什么不幸的事。

A.没有或很少时间　　B.小部分时间

C.相当多时间　　　　D.绝大部分时间

6.我手脚发抖、打冷战。

A.没有或很少时间　　B.小部分时间

C.相当多时间　　　　D.绝大部分时间

7.我因为头痛、头颈痛和背痛而苦恼。

A.没有或很少时间　　B.小部分时间

C.相当多时间　　　　D.绝大部分时间

8.我容易感到衰弱、乏力。

A.没有或很少时间　　B.小部分时间

C.相当多时间　　　　D.绝大部分时间

9.我不能静坐。

A.没有或很少时间　　B.小部分时间

C.相当多时间　　　　D.绝大部分时间

10.我觉得心跳得很快。

A.没有或很少时间　　B.小部分时间

C.相当多时间　　　　D.绝大部分时间

11.我因为头晕而苦恼。

A.没有或很少时间　　B.小部分时间

C.相当多时间　　　　D.绝大部分时间

12.我觉得很多事做不完。

A.没有或很少时间　　B.小部分时间

C.相当多时间　　　　D.绝大部分时间

13.我感觉呼吸有些困难。

A.没有或很少时间　　B.小部分时间

C.相当多时间　　　　D.绝大部分时间

14.我手脚麻木、刺痛。

A.没有或很少时间　　B.小部分时间

C.相当多时间　　　　D.绝大部分时间

15.我因为胃痛和消化不良而苦恼。

A.没有或很少时间　　B.小部分时间

C.相当多时间　　　　D.绝大部分时间

16.我会频繁地上厕所。

A.没有或很少时间　　B.小部分时间

C.相当多时间　　　　D.绝大部分时间

17.我的手容易出汗。

A.没有或很少时间　　B.小部分时间

C.相当多时间　　　　D.绝大部分时间

18.我脸红发热。

A.没有或很少时间　　B.小部分时间

C. 相当多时间　　　　D. 绝大部分时间

19. 我不容易入睡，而且整夜都睡得不好。

A. 没有或很少时间　　B. 小部分时间

C. 相当多时间　　　　D. 绝大部分时间

20. 我会做噩梦。

A. 没有或很少时间　　B. 小部分时间

C. 相当多时间　　　　D. 绝大部分时间

计分方法

将20道题的分数相加，再乘以1.25后取整数部分，就是你最后的得分。

测试结果

【50分以下】焦虑和你没关系。

过去的一周，你并不焦虑，可以说是淡定地度过每一天。

【50—60分】轻度焦虑。

这一周以来，你很少出现烦躁、紧张等情况。人群中大约有三分之一的人和你一样。

【61—70分】中度焦虑。

可能有一半的时间你都感到烦躁不安、头疼、胃难受、气短，有时难以入睡，可能还会莫名地感到肌肉酸痛。

也许最近太辛苦，身心都有些疲惫。人群中大约有16%的人和你一样。

【70分以上】重度焦虑。

这段时间，压力压得你喘不过气。你被各种焦躁的情绪围绕，胸闷气短，浑身酸痛，即使不运动也容易出汗。

你可能有些肠胃不适，而且难以入睡。有一种想咆哮但喊不出来的难过感觉。想想是不是有什么事情严重影响了你的情绪？如果确定没有，而且这样的情况已经至少持续了一个月，那么，你可能需要寻求专业的帮助来缓解你的焦虑。

第二章

对症下药，
找出让你困扰的“焦虑源”

压力感：每个人都逃不开的难题

阿力正在读大三，眼看身边的朋友都有各自的打算，有的准备去实习，因此频繁地投简历；有的准备考研，因此天天在图书馆学习；有的准备出国，因此正在准备出国材料……好像只有阿力没有什么计划。一股无形的压力感与焦虑感包围了他，他不禁想到，毕业是不是就等于失业？自己能找到工作吗？

王君是一名自媒体人，运营着两个公众号，每个公众号都有10多万粉丝，因此每个月赚得不少。尽管赚得不少，背后的辛苦却不为外人所知。

因为需要经常对着电脑工作，他有严重的颈椎病。不仅如此，工作性质导致三餐不规律，因此他的胃也不好。

身边的朋友劝他休息，他总是说不行，一停下来就没有安全感，不然每个月的房贷怎么办？而且他还想把父母接到身边来呢！

王先生年逾40岁，前两年自己创业，开了一家互联网公司。为了公司业绩，他经常通宵改方案，还经常喝酒应酬。他感觉胃不舒服，去医院检查，发现是胃窦中度糜烂，医生建议他住院治疗。

王先生疲惫地捏了捏眉心，深深地叹了口气。他也想住院治疗，但眼下实在脱不开身，有一个单子正在跟进，公司这个月能否发工资就全靠这个单子了。竞争社会，拼的就是速度。互联网行业，更新换代太快，每天工作都是无尽的焦虑。

在这个竞争激烈的社会中，似乎每个阶段的人都有自己的问题与危机，每个人都是焦虑者。心理学家认为，群体性压力感是每个人都逃不开的难题。现在人人力争上游，但人的精力毕竟是有限的，信息的狂轰滥炸让人们顾此失彼，身心疲惫。不仅如此，上至公司领导，下至公司小职员，都被时代推动着前进。人们对未来充满了不确定感，内心充满了焦虑和不安。

基于此，我们该怎样和社会压力相处呢？心理学家认为，面对客观的外界环境，身处其中的我们是很难改变环境的，只能去适应它，提高我们的抗压能力。

1.找到自己的兴趣，并为之倾注热情

什么是你热爱的职业？或者说你的兴趣是什么？我们可以为之不知疲倦地奋斗，继而成为专业的人，我们还可以从中获取无限的活力，最终找到存在的价值与意义。

如果你不知道什么是你的兴趣，那么心理学家建议，与其去寻找，不如去尝试。去尝试不同的事情，如游泳、练瑜伽、跑马拉松、下棋、跳绳、打羽毛球、写作、弹吉他……只有尝试过，你才知道自己最喜欢什么，那些没能坚持下去的也会成为我们经历的一部分。总之，告诉自己，行动才是缓解焦虑的有效方法。

2.摆脱思维定式，多角度看待问题

日本积极心理学学校的校长久世浩司认为，当压力来临时，面对压力的反应体现了一个人的思维定式，只有改变这些思维定式，压力才能随之减轻。

他把思维定式分为7种，并称之为“思维定式犬”，分别为：批评犬（内心低语：都怪他们）、正义犬（内心低语：这不公平）、投降犬（内心低语：我没用……）、放弃犬（内心低语：我做不好……）、忧虑犬（内心低语：我不会……）、内疚犬（内心低语：是我不好）、冷漠犬（内心低语：无所谓）。

那么，你的思维定式是哪一种呢？以批评犬为例，这种类型的人遇到压力会下意识地指责别人，认为局面是由于他人的过错造成的。如果意识到内心的批评犬出现了，就应该想办法驯服，如站在对方的立场来批评自己，你会发现过一会儿心情会好很多。

总之，每一种思维定式犬都有自己的训练方式，且因人而异，我们能做的就是找到与自己的思维定式犬相处的方式。如果觉得它是消极的、有害的，就驱逐它；如果觉得它对你有帮助，就接纳它，为你所用；如果觉得它不是特别正确，也不是绝对错误，就驯服它，然后与之和睦相处。

3. 目标拆分，逐个攻破

心理学家认为，如果面对压力而不去行动，那么焦虑就会一直存在。如果觉得任务巨大，不妨把目标拆分成多个小目标，一步一步来做。可以先从简单的做起，逐步培养自信心，渐渐地我们就会发现，事情没有我们想象的那么难。

4. 建立与他人的连接

比如，和他人多交流。尤其是创业者，通过与其他创业者的交流，可能会发现他们也面临同样的压力、同样的问题，这无形中会减轻我们的压力，让我们能够坦然地面对现实，降低自我怀疑。

比如，多帮助他人。也许有人会疑惑，我都自身难保，还如何帮助别人？其实，帮助的方式是多样化的，一次举手之劳，一句熨帖的话，都可能给他人带去温暖。心理学家认为，帮助他人的过程会让我们获得价值感与自我效能感，压力也会随之减小。

身份焦虑：过高的期望让你无法好好做自己

在这个飞速发展的时代，每个人身上的标签都很多，人们一直乐此不疲地制造新身份，试图获得社会及他人的认同、尊重与爱。

英国作家阿兰·德波顿在他的书《身份的焦虑》中阐释了“身份”的含义：身份并不是一种职业，而是一种社会地位，是指个人在他人眼中的价值和重要性，并且指出“身份的焦虑比以往任何时候都强烈，因为每个人获取成功的可能性似乎比以往任何时候都大。我们每时每刻都被成功人士的故事所包围”。不管你是否承认，我们都活在一个高度注重身份的社会，几乎所有的人都在追求金钱。如果没有金钱，我们潜意识里会认为自己是身份低下的人，那么就无法得到社会的承认，也无法得到他人的尊重与关注。

因此，越来越多的人产生了身份焦虑，我们害怕自己的身份和价值在社会群体中越来越低，我们也害怕他人异样的眼光，这让我们感到羞耻。

徐先生今年35岁，转眼已经毕业10年了，今年大学的同学群里呼吁举办一次10周年同学聚会。徐先生非常高兴地去了，他的本意是见见老同学，回忆同窗的友谊，感慨时光的无情，但是事与愿违，一场同学聚会演变成了身份与金钱的攀比会、商业洽谈会……没有感受到同学情谊，相反，这场同学聚会加深了徐先生内心的焦虑，与其他同学相比，徐先生感觉自己是如此失败。

案例中的徐先生通过一场同学聚会，催生了自己对身份、金钱、地位的焦虑，内心深处产生了挫败感与失落感。

心理学家认为，在社会人的眼中，“身份”是财富、地位、家庭等多种因素混合的结果。往往越优越的身份，越能获得他人的认同与尊重。因此在社会中摸爬滚打的人，无法摆脱身份带来的焦虑感，过高的期望总是让我们无法做自己。

很多人无法用平常心去看待周围的朋友升职发财、竞争对手混得风生水起，也很难接受从前看不上的人获得成功……在与身边人的对比下，我们不断构建新的期望，然而过高的期望让我们越来越焦虑。这种感觉令人窒息，带给我们无限的空虚和痛苦。

心理学家指出，身份焦虑是一种无用的焦虑，它不能增加我们内心的动力和能量，也不能解决现实的问题。那么，如何才能真正缓解身份焦虑呢？心理学家认为以下3种方式非常有效。

1.拥有属于自己的成功定义

真正的成功是多元化的。创造了很多财富是一种成功，拥有幸福的家庭是一种成功，能给别人带去快乐也是一种成功，找到一种与世无争的生活方式又何尝不是一种成功呢？

不要被世俗的眼光绑架，每个人都是独一无二的，每个人都应该努力活成自己，而不是别人期待的样子。电影《阿甘正传》里有一句台词发人深省：“你长大后想成为什么样的人？”有人回答：“我为什么不能成为我自己？”

要记住，我们无法成为别人的翻版。

2.接受艺术的熏陶

人应该多接受艺术的熏陶，如画画、音乐、阅读等，在艺术的世界里培养自己的兴趣爱好，修身养性，拓宽自己的眼界，充盈自己的内心……从而转移注意力，减少焦虑。

3.用长远的眼光看问题，并付诸行动

有些人懂得很多道理，但行动力太差。知道自己的不足，就应该付诸行动去改正，去弥补。

另外，还需要用长远的眼光来看待问题，因为成功难以一蹴而就，所以，坚持是非常重要的。朝着目标一步步前进，享受每一个目标达成的喜悦，不正是缓解焦虑的方式吗？

最后，提醒大家，与其用别人的价值来定义自己，不如用自己内心的价值标准来衡量自己，这样更容易获得生活的幸福感。

失败恐惧：害怕失败，怕到焦虑

小林是一名高三学生，他品学兼优，成绩总是名列前茅。但是令人疑惑的是，每逢大型考试，小林总是发挥失常。据他自己讲述，一到大型考试，他就头脑一片空白，明明很简单的题目却因为紧张而做错，因此考试成绩总是大失水准。眼看高考在即，小林焦虑得睡不着，吃不香。他觉得，高考是人生的大事，发挥不好就会与

机会失之交臂。

兰涛最近心理压力很大，公司有一个晋升的机会，兰涛是候选人之一。在3位候选人中，兰涛应该是最有机会获得晋升的，因为他资历最老，实力也最强。但他总是感到紧张，想到晋升竞选即将来临，他更是焦虑得夜不能寐。其实兰涛在自己的岗位上耕耘了3年，他也一直在为晋升这个岗位而奋斗，但他总是遇事紧张，害怕失败，尤其是在自己在意的事情上，容易患得患失，极其缺乏自信，以致很多次他都错失了机会。在大学时，他曾心仪一个女孩，女孩对他也有点意思，但他不敢表白，害怕女孩拒绝他。最终，女孩失望了，接受了另一个男孩的追求。这曾令他很痛苦，至今想起仍感遗憾。

在这两个案例中，小林和兰涛有一个共同的心理问题——害怕失败。事实上，他们太想得到自己想要的人或物了，但是他们的关注点都聚焦在可能发生的负面结果上，这使得他们束手束脚，患得患失，产生了失败的恐惧感，最终错失了机会。

心理学家认为，越是害怕失败的人，越容易活在挫败中。那么，失败恐惧是如何形成的呢？心理学家认为，这很可能源于小时候的经历。

1.从小到大喜欢的东西都被剥夺，内心的需求几乎没有被满足过

敏敏的童年是灰色的。据她讲述，她生活在一个重男轻女的家庭，小时候，她喜欢的玩具都会被弟弟抢走，如果她不给，妈妈就会毫不犹豫地拿走。等她长大后，面对自己心仪的事情、喜欢的人，她的内心总会升起一种绝望感，她觉得自己不配得到那件东西，不配得到那个人，而得不到的遗憾又会令她痛苦不堪。

2.从小到大在贬低中长大，害怕被嫌弃，害怕被拒绝

陈磊还记得，小时候无论怎么努力，他都得不到父母的鼓励。多少次他拿着考了100分的试卷眼巴巴地看着父母，父母总是板着脸说："这有什么？你要每次考100分才好呢！"而一旦他考试发挥失常，父母就会大声地训斥他，甚至贬低他。时间长了，他害怕面对父母的指责，成绩越来越差，父母愤怒之余变得越来越失望，陈磊的性格也变得内向消沉。长大后，面对喜欢的人和物，他自惭形秽，不敢去争取，害怕被拒绝、被嫌弃，他的内心深处认为自己不配得到这些。

个体经历了持续的失败后，会产生对现实无可奈何的心理状态。他们认为无论如何努力都是徒劳，自己对一切都无能为力。这在心理学上称为习得性无助，这个概念是心理学家塞利格曼提出的。不仅如此，个体还可能出现“自我障碍”的行为，做出一些使失败更可能出现的事情。自我障碍是指个体针对可能到来的失败、威胁事先设计障碍的一种防卫行为。如面对即将来临的演讲，为了逃避失败，故意不训练，使后期有理由掩盖自己的失败：我是因为没练习才失败的，如果练习了，肯定不是这样。

所以，心理学家认为，唯有破除潜意识限制性信念，才能真正放下对失败的恐惧，过上自己想要的生活。下面两点可帮助大家扭转不良观念。

1.改变归因方式

很多人总把失败的原因归结为现实因素，如我天生就不擅长沟通；这个比赛是有内幕的，无论我如何努力，都不可能获奖……这种现实因素很容易让人产生绝望感、无力感，因此心理学家建议，试着将自己失败的原因归结为自己的动机不足，也许会让个体产生积极的期待。比如，我害怕与人沟通，只是因为我缺乏交流的动力，只要遇到感兴趣的人和话题，我就能聊得很尽兴。

2. 学会举一反三，从失败中汲取经验

告诉自己，失败并不可怕，失败并不代表自己就是弱者。除此之外，我们应该从失败中总结经验。为什么有的人反复在一个地方摔倒？而有的人却能从此不再犯同样的错误？这取决于个体对失败的总结能力，从失败中汲取经验，能帮助我们做出更好的决策。

最后，提醒大家，失败后消极情绪的产生是正常的，我们需要做的是进行自我辩论，请大声地告诉自己：失败只是在提醒我下次要做得更好！

自我贬低：你不应该说贬低自己的话

晓丹是一名网文作家，最近她接了几个选题，由于选题小众使得她的素材积累不够，一时间不知该如何下笔。晓丹不是一个天生乐观的人，相反，她容易焦虑，很多时候心态消极，因此，碰到这种情况，她内心的“悲观小人”就开始说话了：你还是放弃吧，你写的文章能攒几个粉丝啊；你不适合做这行，还是赶紧另谋出路吧；你连这种选题都不知道？真是糟糕透了……这些自我贬低内心戏打击了晓丹的自信心，她顿时陷入焦虑与沮丧中，并想要放弃这份工作。

李轩去看心理医生，他感觉自己有精神疾病。在人际交往过程中，哪怕在刚认识的陌生人面前，李轩都会不由自主地羞辱自己，用各种语言贬低自己。奇怪的是，自我贬低给当时的他带来很大的安全感，但是独处的时候他又因为自我羞辱的行为陷入深深的后悔与焦虑中，他不知道自己该怎么做。

英国心理学家梅勒妮·芬内尔把这种对自己持有不良的看法、苛刻地评断自己并且赋予自己极少价值的现象称为“低自尊”，她认为，“比被人轻视更难受的是自己轻视自己”。低自尊的人总是用消极的一面来评价自己，他们只注意到自己的缺点、短处，却忽视了自己的优点、长处。

心理学家认为，一个人如何评价自己，如何对待自己，是非常重要的。一个连自己都无法坦然接纳的人，内心势必充满了挣扎与痛苦。那么，潜意识有自我贬低倾向行为的原因是什么呢？心理学家认为这是一种“自我障碍”的心理。自我障碍，指的是在进行一件事之前先给自己预设障碍，做出对成功不利的行为或言辞，并在事后将结果的不理想推脱给事先预备好的理由，是一种认知策略。

仔细想想，还真的是这样：

当你给自己贴上“学渣”的标签，那么考得差也就不用承受别人异样的眼光。

当你把自己贬低成弱势群体，似乎就可以避免被他人攻击。

当你把自己形容得一无是处，似乎就可以避免承担责任。

总而言之，自我贬低是一种心理防御机制，是因为不想别人来贬低我们。

然而，尽管它是一种心理防御机制，但是在整个过程中，它会反过来作用于自身。当人们习惯性自我贬低时，就选择了以尊卑、高低的视角看待人与人之间的关系，他们的内心就无法真正做到平等，也会扭曲对事件本来的认知。唯有摆脱低自尊状态，才能帮助人们建立真正的自尊感。下面4点认知疗法可以帮助大家打败低自尊。

1.做自己擅长的事

心理学家认为，低自尊的人内心是自卑的，因此低自尊的人应该试着给自己建立正面的反馈机制，如去做一些自己擅长的事情，因为做擅长的事情会让自己得到肯定与赞扬，继而带来自尊感。

2.学会接受自己

心理学家认为，自我贬低是一种与自己对立的行为，是内心深处对自己的不认可，让自己陷入自我怀疑、自我挣扎的旋涡中无法自拔。唯有接受自己才能真正得到内心的平静。

要学着与自己和解，接受自己，尊重自己，承认自己。不管身上存在多少缺陷，我们应尊重现实，不高估他人，也不低估自己，完全地接受自己。

3.将自我批评变成自我夸奖

从现在开始，当“自我贬低”的念头冒出时，不妨用“自我夸奖”的方式来代替。每天试着夸自己10次，如“我的文字功底很好，我不担心没有粉丝看我的文章”“我虽然不优秀，但这个世上允许不优秀”“勤能补拙，何况我并不笨”“我接受这一切，我不会再作茧自缚”“我勤奋、爱学习，我喜欢我身上的这种品质”……渐渐地，你会发现，每激励自己一次，你就会前进一步。

4.设立目标，行动起来

从现在起，给自己设立目标。目标不一定要大，可以将大目标分解成多个小目标，一项一项去达成。行动是维护自尊的途径，当目标一个个实现后，我们的自尊会得到提升，也能提高自我认可度。所有的计划，无论大小，只有付诸行动才有效。开始行动吧！

最后，提醒大家，你很棒！你值得世间的一切美好！

不安全感：不安全的感觉会滋生焦虑控制行为

2020年的贺岁片《囧妈》引发了人们对亲子关系、亲密关系的深入思考。主人公徐伊万不满母亲对他的控制，但在不知不觉中控制着自己的妻子。

徐伊万控诉自己的母亲："你看看，这就是我们之间的问题，你心里住着一个幻想出来的儿子，他应该吃几块红烧肉，脸上的肉是横着长还是竖着长，什么时候要孩子，膀胱几点排水，你全都设定好了，你为什么要锲而不舍地改造我呢？这么多年过去了，难道你没有发现吗？我并不是那个你想象中的儿子。"

而影片的开头，妻子张璐对徐伊万进行控诉：“你心里面长了一个幻想的老婆，她应该喜欢什么，讨厌什么，该怎么说话，你全都设定好了，你为什么要锲而不舍地改造我呢？都这么多年了，你难道还没有意识到我不是你想的那个人吗？”

这部让人笑中带泪的电影揭示了“控制欲”在亲子关系中的遗传、受阻与裂变。那么“控制欲”反映了怎样的心理问题呢？心理学家认为，控制欲的另一面是安全感。控制欲强的人，安全感较低，反过来说，安全感高的人，控制欲较低。正如影片中的徐妈妈，她的控制欲正是安全感缺失的体现。婚姻的失败使她把所有的爱都给了儿子，儿子是她情感的唯一支撑，因此她想要儿子无条件地服从她的逻辑与方式，一旦儿子反抗她，不满足她，她就陷入焦虑、恐惧的感觉中无法自拔。

这样的“控制欲”还会体现在亲密关系、上下级关系中。比如，一个整天对自己的丈夫严密监控的女人，其控制欲的背后是她对自己魅力的信心丧失；一个要求下属对自己毕恭毕敬的领导，其控制欲的背后是对自己能力缺乏信心。

控制欲背后隐藏的是“恐惧”，恐惧自己不被爱，恐惧自己被抛弃，恐惧自己不够好，而长期处在这种关系中的

“被支配”的一方则感到屈辱、沮丧、信心不足。

那么，控制欲产生的原因是什么呢？心理学家认为，安全感低、控制欲强与原生家庭有很大的关系，与童年时获得的爱较少有关。获得无条件的爱越多，孩子的安全感就越强，在成年后，控制欲相对较低，因为他们懂得真正的爱是无私的，真正的爱是接纳与包容。相反，获得的爱越少，而且是有条件的爱，那么孩子的安全感就越低，在成年后，他们的控制欲就越强。不仅如此，他们还会不自觉地复制自己幼年时被对待的方式，不停地进行情感索取与情感要挟。正如《囧妈》中的徐伊万，从小在妈妈的控制中长大，结婚后，他就用妈妈对待他的方式去控制妻子。

有人认为，控制是因为爱。这种理解是错误的，因为爱是无私的。如果非要把控制与爱挂钩，那么控制就是一种窒息的爱、绑架的爱，会让双方都活在痛苦与挣扎中。

那么，我们应该如何放下控制欲，找回安全感呢？

1.改变说话模式，用引导取代控制

在生活中，你会不会这样说话：不要吃这个，对胃不好；你应该好好休息，不要加班；你必须赶快把作业做完……

心理学家认为，控制欲强的人在与人沟通的时候习惯使用命令式的话语模式，如“你必须……”“你应该……”“你

最好……”，现在，试着将命令式的语言变成引导式的语言。

比如，“你应该好好休息”换成“我最近天天熬夜，黑眼圈也多了，为了身体健康，我要早睡，这样我明天还能起来锻炼”。

比如，“你不要喝冷饮”换成“我有一次喝冷饮闹肚子，后来还发烧了，在医院躺了3天，可痛苦了”。

我们无法控制别人，但是我们可以改变自己的语言习惯，将命令式的语言转换成引导式的语言，让对方自己选择。所以，想要改变，就要多反思自己的语言，养成新的交流习惯。

2.学会独处，做一些有意义的事

控制欲强的人自以为控制了对方，实际上无形中他们被对方控制了，他们的情绪因为“被控制者”的行为或态度而起伏。对方顺从，他们就感到满意，而对方不理睬、不回应，他们就有失控、抓狂之感。

因此，心理学家建议，与其控制他人，不如学着控制自己。让自己安定下来，学会独处，去做一些对自己有益的事情，少管别人的事。因为过多地关注对方会束缚自己，让自己失去成为更好的自己的可能性。

3.怀抱敬畏之心，尊重事情的发展规律

每个人的能量都是有限的，我们也许能预测事情发展的方向，但无法掌控事情发展的过程，因此，我们应该怀抱敬畏之心，尊重事情发展的规律，顺其自然。久而久之，你会发现自己的世界变得开阔了，你懂得用宽容的心去包容身边的人，甚至是未知的一切。

小测试：你近期的心理压力有多大？

你觉得你目前所承受的压力过大吗？如果你想了解自己的压力有多大，那么这份经典的APESK-PSTR心理压力测试量表能够帮助你。

APESK-PSTR心理压力测试量表由瑞士心理学家爱德沃兹于1983年编制，以德国心理学家穆瑞在1968年提出的心理压力因素理论为基础。因版权问题，本书不提供该量表，读者可以根据自身情况进行测查，或到相关专业医院咨询。

第三章

从外到内，
创造不会让你感觉焦虑的环境

环境敏感：心理因素往往比环境影响更大

中国有句古话叫“近朱者赤，近墨者黑”，还有句古话是“与善人居，如入芝兰之室，久而不闻其香，即与之化矣；与不善人居，如入鲍鱼之肆，久而不闻其臭，亦与之化矣”。这两句话都反映了环境对人的身心所产生的影响。

环境对一个人的影响究竟有多大？心理学领域也一直在对这个话题进行研究。精神分析学派认为，成长环境决定了一个人的性格，在和谐友爱的环境中成长的孩子心理比较健康，相反，在恶劣环境下成长的孩子性格比较乖张，易受创伤。

然而，随着心理学的不断发展，关于这一话题出现了不同的声音，有的心理学家发现，在同一环境中成长的不同的人，有的人活得很出色，有的人却活得很糟糕。

有一对兄弟，生活在一个破碎的家庭中，父亲嗜酒成性而且好赌，一喝醉就暴打母亲和孩子。后来母亲不堪忍受父亲的折磨，离家出走了。兄弟俩在这样的环境中长大，令人惊奇的是，一个变成了像父亲一样的人，颓废消极；另一个则变成了社会精英，积极乐观。有人非常好奇，询问他们为什么会变成这个样子，兄弟俩的答案却一致：“生在这样的环境下，我有什么办法呢？”

面对同样的生存环境，兄弟俩的性格形成、人生发展却截然不同。

因此，有心理学家认为，环境会影响人的习惯，习惯决定性格，性格决定命运。但环境不是决定人命运的唯一原因，心理因素、自我信念、自身思维往往比环境本身起到更为重要的作用。

暑假期间，大家长时间待在家中，有的人利用这段时间为自己充电，读书、学习，也有的人选择刷抖音、看直播、玩游戏；有的人利用这段时间升级自己的厨艺，每天和家人享受美味佳肴，日子过得有滋有味，也有的人每天点着外卖，却又担心着卫生状况；有的人购买健身器材为自己创造健身的条件，也有的人放任自己大吃大喝……

如此看来，环境可以培育不同的思维，而不同的思维决定了人们会如何利用所处的环境。有些环境是我们无法左右的，但是我们可以改变自己。如果心态好，意志坚定，渴望成长，我们可以为自己创造更好的环境，而不是一味地被环境所影响。在我们创造的环境中突破自我，成为更好的自己。

新环境焦虑：可能是“适应障碍”在作怪

张先生由于工作调动，来到了离家千里的一个城市工作，妻子则依然在家照顾孩子。到了新的城市，周围是陌生人和环境，张先生只能慢慢去适应。不到一个月的时间，张先生在工作中与另一名副总产生了好几次分歧，工作难以开展，这令他焦虑不已，加上妻儿不在身边，他抑郁的情绪更是难以排解。就这样过了两个月，他的情况越来越糟，身体、心理和工作都受到了不同程度的影响。

李大爷今年65岁，在东北老家生活了大半辈子。最近，在广州定居的儿子给他生了个孙子，并请他到广州帮忙带孩子。李大爷便高高兴兴地收拾行李去了广州。

谁知不到一个月，李大爷就由最初的兴奋变成了郁闷。他发现自己完全融入不了广州的生活。李大爷的东北口音很重，他感觉和周围人难以交流，渐渐地，他就不大开口说话了。在老家，李大爷很喜欢打麻将，然而到了广州，他却很难找到“牌搭子”。广州条件虽好，却远不如在老家过得舒心，他感觉越来越焦虑，越来越孤独。

在这两个例子中，张先生和李大爷都因为环境的改变而出现了“适应障碍”。心理学上把个人对生活改变或应激性事件（如丧偶、出国、移民、退休等）不能适应，而持续出现情绪障碍和不良适应行为的异常状态称为“焦虑性适应障碍”。

为什么融入新环境有障碍呢？因为“分离”与“改变”是痛苦的。到一个新的环境，意味着要跳出原来的舒适圈，并与过去的人物、情感、生活方式、饮食习惯等断开联系，这很大程度上会导致分离性焦虑。不仅如此，人们还需要融入并适应新的环境，培养新的生活方式、饮食习惯，结交新的朋友，这种改变无疑是痛苦的，因此往往会出现焦虑、忧郁、低落、睡眠障碍等反应。

然而，社会前进的脚步在加快，全国乃至全世界的人口流动性都在增强，人们常常需要面临变动工作、改变学习环境、变换居所等环境变化。更换环境后，人们会面临新环境引起的“适应障碍”问题，因为各种各样的压力事件很多，如适应新居所、工作改变、作息调整、伴侣争吵等。

那么，如何克服对新环境的恐惧，迅速融入新环境呢？心理学家有如下3点建议。

1.用自己的爱好作为切入点，拓展对新环境的认知

到了一个新环境，要静下心来思考，如何快速、顺利地融入新环境。不妨用自己的爱好作为切入点，拓展对新环境的认知。比如，我很喜欢旅游，那么可以加入有此爱好的城市社群，每周或每个月参加周边游活动。

由于做的是自己热爱的事情，大脑会对这个新环境产生友好的印象，我们也能制造出更多愉快的体验。不仅如此，周边游活动也是我们了解城市的一种途径，有助于大脑构建城市版图，帮助我们迅速地熟悉新城市，如风土人情、饮食习惯等。

2.敞开心扉，结交新朋友

心理学家认为，对新环境有适应障碍的人内心往往拒绝变化，喜欢一成不变的东西，性格也比较固执，体现出机械思维与刻板思维。

既然到了新环境，不如敞开心扉，走出去和他人交流，建立新的社交。还可以从积极的一面去思考问题：新的环境、新的朋友、新的机遇、新的起点，我要以全新的面貌登场，我要努力做到积极乐观、爱学习、勤思考。

3.多和家人、朋友联系，获得力量与支持

到了新的地方，大家一般会迫不及待地与家人、朋友联系，倾诉自己的彷徨、无助，从而获取力量与支持，这是非常重要的，能缓解我们内心的焦灼与不安。

我们还可以参加一些同乡联谊会，听一听乡音，见一见同乡，也能缓解我们的思乡之情，建立连接后还能在今后的工作与生活中互帮互助，无形中缓解孤独感，增强“人在异乡”的安全感。

不过需要注意的是，在新的环境中，不要过度依赖原有的社交支持，否则会影响我们发展新的社交圈。

最后，提醒大家，到新的环境感到紧张，是绝大多数

人都有的情况，只是程度不同，因此，没有必要放大焦虑情绪。

独处环境：制造一个“聆听”自己情绪的机会

在当今社会，人们忙着社交、忙着沟通工作、忙着建立人脉……然而，心理学家认为，经济高速发展的时代，赋予了人们很多技能，如社交、应变、决策等，但也偷走了人们独处的能力。

有些人把独处的人看作性格内向、不合群的人，其实，这种想法是极其片面的。独处不是孤独，而是一种能力。心理学家马斯洛发现，独处是一种心理需求，绝大多数心理健康的人每天都会花一定比例的时间独处，而独处带来的好处也会超出你的想象。

乐涵离职了，终于摆脱了那份令人焦虑、痛苦的工作，她打算出去放松一下。但是身边的朋友都脱不开身，于是乐涵决定一个人去西安旅游。

原本以为自己在旅途中会感到无趣或无聊，没想到当她一个人背着旅行包，在古都城墙下漫步，吃巷子里的肉夹馍、凉皮时，她感到了莫大的惬意与满足。

她一路走走停停，古都厚重的文化氛围吸引了她。在这样的状态下，她欣喜地找到了安静的、悠闲的、纯粹的生活方式。她终于在繁忙的城市生活之外，摆脱了自己的焦虑。

美国《赫芬顿邮报》曾把独处比喻成濒临灭绝的物种，呼吁人们每天再忙也要抽出一些时间，倾听自己内心的声音。那么，独处到底具备怎样的力量呢？

1. 独处会赋予一个人强大的内心力量

当我们遇到问题时，内心的力量会驱使我们解决当下的问题，而一个内驱力不足的人，潜意识中会选择逃避，选择依赖来缓解焦虑。

2. 独处会赋予我们情绪管理的能力

与人交往时，我们的情绪有时很难控制，而当我们独处时，则能够很好地控制情绪，与自己和平共处。不仅如此，我们还会下意识地审视自己，反省自己的不足，然后逐一解决问题。这样能使我们积蓄力量，从而让我们更好地与他人分享美好，建立关系。

3.独处让我们明白了生命的真谛

你发现了吗？在有人的场合，我们总是习惯性地自我掩饰或撒谎，而独处的时候，我们就会卸下伪装，面对真正的自我。当“自我”的感觉逐渐强烈时，我们会惊喜地发现，无论外界如何改变，我们都能按照自己喜欢的方式去生活。另外，独处也让我们清醒地认识到，人虽然是群居动物，但孤独是人生的常态，最懂我们的其实是我们自己。

那么，如何才算独处呢？一个人待着叫独处吗？现在有不少年轻人标榜自己很“宅”，他们一个人叫外卖、一个人打游戏、一个人玩手机……但是这都不是真正意义上的独处。心理学家提出了“积极独处”的概念，他们认为，独处应该是主动选择的，并且不以独处本身为目的，而是为了更好地关注与发展自己。这绝不是凄凉、寂寞的孤单状态，而是内心充实、懂得聆听自己、享受当下的过程。

因此，当你想独处时，你可以随心所欲地做自己，只要能让自己放松。当然，你也可以选择游泳、冥想、练瑜伽、阅读、亲近自然等活动，关心自己的身体，倾听自己的心灵。

最后，提醒大家，独处的时候不一定非得做点事。当你允许自己什么都不做时，你依然可以真诚地、全身心放松地面对自己，那么你就在“积极独处”。

放松心境：将心境切换成“与世无争”的模式

代静是一名都市白领，今年32岁，最近她时常向自己的朋友抱怨，说自己被生活压得喘不过气来，感到相当焦虑。为了争取晋升资格，她需要使出浑身解数来与竞争者争夺；为了让孩子上个心仪的学校，她需要四处奔波，不断找关系；为了给家人更好的生活，她要像陀螺一样忙个不停，就为了赚取更多的钱……她件件事情都追求极致，都要求做到最好。她时常对朋友说，这个社会竞争压力太大了，要时常保持焦虑感，因为稍一松懈就会落后，想要比别人过得好，就必须比别人付出更多的努力。

直到有一天，她病倒了，她才意识到，忙忙碌碌、汲汲营营是为了什么？被工作填充了全部生活的她，过得幸福吗？

一场大病终于让她有时间思考，出院后，她毅然辞去了公司的职务，找了份轻松的工作。她给自己报了个瑜伽班，定期做护理，还常常参加朋友聚会，很多从前想做但一直没时间做的事都被她提上了日程。

她的生活慢慢变得有滋有味，她的脸上有了笑意，神色也柔和了很多。朋友惊诧于她的变化，她笑答："我只是给自己重新创造了一个放松的心理环境，把从前焦虑、紧张的心境转换成了与世无争的心境。"

心理学家认为，人类焦虑的源头之一是欲望的不满足。在这个社会，多少人争强好胜，想要房子比别人大，工作比别人好，赚钱比别人多，孩子比别人优秀……因此，大多数人都处于焦虑的状态。那种"恬淡""不争"的思想似乎离都市人太遥远了。所以，你的焦虑主要来源于你与这个世界的抗争，反过来说，当你不去争的时候，焦虑也就慢慢消失了。

当你感觉焦虑、迷茫的时候，可以后退一步，给自己创造一个放松的心理环境，去体验一下与世无争的生活。俗话说，有张有弛乃生活之道。或许你可以尝试以下4点。

1.学会人际关系的断舍离

你是一个不懂得拒绝的人吗？心理学家认为，不懂得拒绝的人容易失落、焦虑，甚至失败，也可能让我们形成讨好型人格。从此刻起，制定标准、计划，然后开始行动吧。

我们可以给自己设置拒绝的标准，如果对方请求的事情非常过分，可以直接拒绝。

另外，当你发现身边的人际关系让你倍感压力时，就坚决地和那些“相处起来不舒服”的人减少联系吧。

总之，我们大可不必为了关系委曲求全，我们真正应该选择的是，把我们的人生过得自在、舒适、快乐。

2. 借境练心，通过扔东西学习放下

心理学家认为，外在环境是内在环境的投射，外在环境的垃圾堆积也代表了内在环境负能量与情绪垃圾的堆积。因此，慢慢清理自己的外在环境，会不经意地开发出内心的空间。通过对环境的清扫，自然清理我们的内心。

因此，把你不需要的东西扔掉吧。如果舍不得，就先问问自己是不是真的需要这些东西。如果后期大概率用不上，就果断处理掉吧。看着原先拥挤的房间变得宽敞，我们的身心也会感到非常轻松。

3. 通过种植物来养心，培养生活情趣

可以在家里种一些花花草草，简单即可，不用太复杂，以免给自己造成压力。周末也可以去花卉市场买些鲜花、绿

植，甚至到郊外摘一些花做成花束。每当你回到家，看到美丽的花，内心的喜悦会油然而生，你会感到生命的美好与乐趣。

4.用色彩来点缀世界，缓解焦虑

心理学家认为，有些颜色能创造轻松的环境，只要置身其中就能缓解焦虑。比如，绿色是生命的色彩，也是能让人放松的颜色。有研究表明，置身于绿色的环境中，皮肤温度会下降1—2摄氏度，心跳每分钟减少4—8次，人们的呼吸变得均匀。因此，如果你想给自己打造一个不焦虑的环境，不妨给家里增添一些绿色，如用绿色的摆件、多养些绿植等。

阿斯伯内多效应：跳出环境，让自己看清事实

有一位老太太，无论晴天还是雨天，都是一副愁眉苦脸的样子。

有一次，寺里的住持问她："这位施主，为什么你总是不高兴啊？"

老太太答道："哎，我焦虑啊。大师，我有两个女

儿，大女儿嫁给了卖鞋的，小女儿嫁给了卖伞的。每当晴天，我就担心小女儿家的伞卖不出去；每当下雨天，我又担心大女儿家的鞋子卖不出去。只要想到这些，我就焦虑得睡不着觉啊！”

住持听后，哈哈大笑：“这位施主，无论晴天还是雨天，我们都左右不了，因为这是老天的事。但是你可以换个角度来看问题，如晴天的时候，大女儿家的鞋就能卖得多一些，雨天的时候，小女儿家的伞就能卖得多一些。”

老太太一听，顿时清醒了过来，这才明白从前的自己是庸人自扰。自那以后，老太太每天都是一副开心的样子。

在这个例子中，老太太最初焦虑不安，是因为陷入担忧中无法自拔，而住持的一番妙语让老太太从原来的悲观情绪中抽离出来，从而用更客观、更积极的方式来看待人和事。正如我们欣赏一幅油画，站得太近，很难看到画的全部，也难以体会画的境界，相反，适当调整距离后，我们才能领略到画的构图、层次与色彩运用，心理学上把这种离画面较远，图像反而更清晰的现象叫作“阿斯伯内多效应”。这种效应不仅运用在欣赏油画上，而且运用在我们对人和事的观察与看法上。如果运用在“缓解焦虑”这个话题上，我们可以这样理解：当局者迷，旁观者清，跳出原来的环境，换个角度看待问题，一切都会变得不同。

苏东坡写过一首诗：“横看成岭侧成峰，远近高低各不同。不识庐山真面目，只缘身在此山中。”这首诗也是阿斯伯内多效应的生动写照。那么，为什么跳出环境，换个角度看问题能在一定程度上缓解焦虑呢？心理学家认为，我们大脑的通道是由逻辑和情绪掌控的，当我们遇到困难时，会产生焦虑、紧张等负面情绪，这些情绪占据大脑的通道，使得逻辑的分析能力和判断能力下降，作为当事人的我们很可能方寸大乱，慌张不已。而当我们以局外人的角度来看待问题，这时我们的逻辑思维能力占据了上风，我们就能以沉着、淡定的态度去看待问题，分析问题。

那么，该如何从旁观者的角度来看待问题呢？下面3点可供借鉴。

1.观察其他人的反应

中国有句古话是：“以人为镜，可以明得失。”意思是我们可以根据他人的态度、评价，甚至他人的成败来评判自己。这就需要我们进行仔细的观察。

心理学家认为，通过对方的反应来反思自己在交流中是否存在问题，也算是间接地从旁观者的角度来观察自己的一种方法。

2.以第三人称写日记

这种方式听起来很新鲜。心理学家认为，此方法兼具主观和客观的特点，既能帮助我们宣泄情绪，又能使我们从焦虑或压力的情境中分离出来，通过“别人”的眼睛来分析自己。它让我们与自身保持一定的距离，而这种距离让我们变得客观，从而帮助我们找到解决问题的思路。

3.征询他人的意见

心理学家认为，当事人想要跳出环境做一名绝对的旁观者是很困难的，因为那是我们的大脑，带着我们的主观。如果真的想从旁观者的角度考虑问题，解决问题，不妨直接征询他人的意见，让他们客观地评价。如果多人的评价中有相似之处，则这一评价很可能就是较为客观的。

尽管以旁观者的角度来觉知自己很难，但心理学家认为，有这种意识去反思自己，分析自己，本身就是思想上的一种进步。他们坚信，我们还能更加了解自身。

小测试：你对环境的适应能力如何？

我们身处充满变化的大千世界中，无法改变世界，只能在一定程度上改变自己。每个人都要学会适当地调整自己，适应环境。那么，你的适应能力很强吗？此项测试总共有20道题，每道题有5个答案选项，请根据自己的实际情况选一个答案。请在10分钟内完成测试。本测试只是为你认识自己提供一个角度，仅供参考，不具有诊断意义。

1.你一直喜欢独立完成工作任务，不太喜欢与人合作。

A.与自己的情况完全相符

B.与自己的情况基本相符

C.难以回答

D.不太符合自己的情况

E.完全不符合自己的情况

2.大家一起讨论发言时，你会赢得最多的掌声。

A.与自己的情况完全相符

B.与自己的情况基本相符

C.难以回答

D.不太符合自己的情况

E.完全不符合自己的情况

3.每当生活环境发生改变，你总会感到身体不适，闹些小病。

A.与自己的情况完全相符

B.与自己的情况基本相符

C.难以回答

D.不太符合自己的情况

E.完全不符合自己的情况

4.你很愿意和刚认识的人畅所欲言。

A.与自己的情况完全相符

B.与自己的情况基本相符

C.难以回答

D.不太符合自己的情况

E.完全不符合自己的情况

5.哪怕是已经背得滚瓜烂熟的公式，老师提问时你也会突然忘记。

A.与自己的情况完全相符

B.与自己的情况基本相符

C.难以回答

D.不太符合自己的情况

E.完全不符合自己的情况

6.你会毫无抱怨地通宵工作，只要有这种安排。

A.与自己的情况完全相符

B.与自己的情况基本相符

C.难以回答

D.不太符合自己的情况

E.完全不符合自己的情况

7.在讨论问题时，你经常不知如何来应对他人。

A.与自己的情况完全相符

B.与自己的情况基本相符

C.难以回答

D.不太符合自己的情况

E.完全不符合自己的情况

8.无论面临多么危急的局面，你都能沉着冷静，应对自如。

A.与自己的情况完全相符

B.与自己的情况基本相符

C.难以回答

D.不太符合自己的情况

E.完全不符合自己的情况

9.只要一检查身体，你的心脏总是跳得很快，但在日常生活中你并非那样。

A.与自己的情况完全相符

B.与自己的情况基本相符

C.难以回答

D.不太符合自己的情况

E.完全不符合自己的情况

10.能和大家融洽相处对于你来说很重要，为此你常常放弃内心的想法，以便与多数人保持协调一致。

A.与自己的情况完全相符

B.与自己的情况基本相符

C.难以回答

D.不太符合自己的情况

E.完全不符合自己的情况

11.如果让你在很安静的空房子里进行一项很重要的工作，你的工作成效会非常出色。

A.与自己的情况完全相符

B.与自己的情况基本相符

C.难以回答

D.不太符合自己的情况

E.完全不符合自己的情况

12.即使在深夜，你也不怕一个人走山路。

A.与自己的情况完全相符

B.与自己的情况基本相符

C.难以回答

D.不太符合自己的情况

E.完全不符合自己的情况

13.你对季节变化比别人表现得更敏感，总是夏天怕热，冬天怕冷。

A.与自己的情况完全相符

B.与自己的情况基本相符

C.难以回答

D.不太符合自己的情况

E.完全不符合自己的情况

14.在任何公开发言的场合，你都能发挥出色。

A.与自己的情况完全相符

B.与自己的情况基本相符

C.难以回答

D.不太符合自己的情况

E.完全不符合自己的情况

15.参加某些娱乐竞技活动时，你需要一些时间适应。

A.与自己的情况完全相符

B.与自己的情况基本相符

C.难以回答

D.不太符合自己的情况

E.完全不符合自己的情况

16.到一个新的环境工作、生活时，你能很快地适应。

A.与自己的情况完全相符

B.与自己的情况基本相符

C.难以回答

D.不太符合自己的情况

E.完全不符合自己的情况

17.在很多不认识的人面前公开出现，你会表现得腼腆。

A.与自己的情况完全相符

B.与自己的情况基本相符

C.难以回答

D.不太符合自己的情况

E.完全不符合自己的情况

18.越是重大的考试成绩就越好，如升学考试成绩就比平时考试成绩高很多。

A.与自己的情况完全相符

B.与自己的情况基本相符

C.难以回答

D.不太符合自己的情况

E.完全不符合自己的情况

19.如果家里来了客人，只要不是来找你的，你总是想办法避开。

A.与自己的情况完全相符

B.与自己的情况基本相符

C.难以回答

D.不太符合自己的情况

E.完全不符合自己的情况

20.哪怕是在环境热闹的大街上，你也能全神贯注地看书、学习。

A.与自己的情况完全相符

B.与自己的情况基本相符

C.难以回答

D.不太符合自己的情况

E.完全不符合自己的情况

评分标准

题号为单数的题目评分标准为：A记1分，B记2分，C记3分，D记4分，E记5分。

题号为双数的题目评分标准为：A记5分，B记4分，C记3分，D记2分，E记1分。

将各题得分相加，即为该测试的总分。

测试结果

【20—51分】你的环境适应能力很差，不太适应如今快

节奏的生活和时代。对于改变，你总是充满着恐惧，缺乏主动适应环境的积极性。

【52—68分】你的环境适应能力一般，还有待提高，你完全有能力以更大的热情、更积极的态度去主动适应身边的人和事。

【69—100分】你的环境适应能力很强，不论是自然界的变化，还是社会的变迁，你都能适应。对于重大的改变你也表现出极强的适应性。

第四章

放松身体，逐步释放你的焦虑和不安

渐进式肌肉放松：使你的身体逐步放松

美国医生埃德蒙·雅各布森于20世纪30年代研究出一种深度放松的技巧——渐进式肌肉放松法，这是研究得很透彻的系统性放松方法。作为一名内科医生，埃德蒙·雅各布森曾说“焦虑的头脑无法存在于放松的身体中”，他认为人的精神压力与病理刺激之间的联系会造成肌肉紧张，而渐进式肌肉放松法通过对全身的肌肉群进行刻意的紧绷、有意识的放松，能达到缓解焦虑、放松身心的效果。在此过程中，我们有意识地体验肌肉的张弛过程，也能让身体和心灵之间的内在平衡达到稳定。相关研究也表明，定期进行渐进式肌肉放松法有助于控制压力，帮助我们更好地处理自己的焦虑，克服惊慌，消除对陌生环境的恐惧，并且解决与压力有关的健康问题，如失眠、焦虑。

不要认为渐进式肌肉放松法很难学，其实它十分易学，成人、儿童都适宜，如果坚持练习，效果会非常明显。那么，如何练习渐进式肌肉放松法呢？可以按照下面的步骤进行。

1.准备工作

- 先找一个安静的、不会被打扰的场所进行练习；
- 练习前要空腹，因为饱腹会影响深度放松练习的进行；
- 不要为任何事情而分心，把所有的担忧放到一边，专注于当下；
- 穿宽松的衣服，不给身体任何负担，不穿鞋子，不戴发卡、首饰、手表等；
- 每天在固定时间进行练习，有助于养成良好的习惯，每天至少练习20分钟；
- 选择舒服的姿势开始练习，躺着或坐着都可以，但要保证头部和身体有支撑；
- 采取顺其自然的态度，不要担心自己的动作是否规范，不要过分控制你的身体。

2.正式练习步骤

在《渐进式肌肉放松》一书中，埃德蒙·雅各布森将200种精细的运动放松项目简化成15—20种基本的运动，只要定期练习这些运动，效果也很好。

- 脸部：脸部包括额头、眼部、牙关节、嘴部和舌头5个部分。

额头：眼睛和眉毛尽量往上抬，拉紧额头的肌肉，10秒钟后额头放松，想象前额肌肉变得平滑与柔软。

眼部：紧闭双眼，感受眼部肌肉的紧张，10秒钟后放松，想象放松的感觉从眼部四周发散。

牙关节：紧咬牙关节，感受牙关节肌肉紧张的状态，10秒后松开。

嘴部：用力张大嘴，伸展嘴部肌肉，嘴部周围的肌肉变得紧张，10秒后松开。

舌头：舌头用力顶上颚，10秒后放松。

- 颈部：将头尽量向后仰，就好像要用后脑勺去触碰背部一样，此时后颈部的肌肉被拉紧，坚持10秒后放松，将头放回正常位置。将头尽量往胸部垂下，就好像用下巴去触碰胸膛一样，坚持10秒后放松，将头放回正常位置。

- 肩部：用力向上抬起双肩，就好像要用肩膀去触碰耳朵一样，此时肩部肌肉被拉紧，坚持10秒后，放松肩膀。向后拉伸肩胛，就好像左右肩胛要互相触碰，此时肩胛周围的肌肉被拉紧，坚持10秒后，放松肩胛。

- 胸部：深吸一口气，使腹部和肺部尽量扩张，此时前胸的肌肉被拉紧，然后慢慢呼气，想象全身肌肉的紧张感消失，内心感到愉悦。

- 腹部：用力收腹，腹部肌肉变得紧张，坚持10秒后放松，想象轻松的感觉遍及腹部。

● 手部：手部包括手掌、手臂两部分。

手掌：用力握紧拳头，坚持10秒，然后松开。

手臂：握紧双拳，双拳和前臂向上弯曲，让拳头尽量贴近肩膀处，此时手臂向上的肌肉被拉紧，坚持10秒后放松，感受整个手臂拉紧后放松的舒适感。

● 腿部：将双腿笔直地抬高，离开地面，脚尖绷直，此时腿部肌肉被拉紧，保持10秒后放松，将双腿缓慢放至地板上，感受至少15秒的放松状态；然后再将双腿笔直地抬高，离开地面，但是双脚回勾，坚持10秒后，将双腿放回地板上。

● 臀部：用力绷紧臀部，坚持10秒，然后放松，想象臀部的肌肉变得松弛而柔软。

以上每个部分的练习建议重复两次，这样效果会比较理想。每次肌肉放松后要间隔15—20秒再继续做下一个动作。最后，把注意力放在全身，深呼吸10次，你会发现，做完这组训练，焦虑感减轻甚至消失了，整个人都觉得神清气爽。

不仅如此，心理学家认为，这套肌肉放松法对头疼、腰背疼痛、失眠、肌肉痉挛等均有很好的调理效果，但要注意，贵在坚持。

腹式呼吸放松：在一呼一吸间释放压力

方先生是某医院的副主任医师，再过一个月他就要参加职称考试，这场考试对他而言非常重要，决定了他能不能升为主任医师。眼看考试临近，方先生却无法静下心来看书，相反，他越来越焦虑，脾气也变大了，还伴随着胸闷、头痛、失眠等躯体不适。

医院心理科的一位医生得知后，建议方先生做一些简单易行的放松练习，如腹式呼吸，能有效地减轻焦虑感。于是，方先生每天早上做15分钟的腹式呼吸，然后精力充沛地去上班，晚上睡前再做15分钟的腹式呼吸，帮助入眠。不仅如此，工作之余，他也会默默地练习放松自己。果然，坚持了几天后，方先生感觉自己的焦虑在一呼一吸间被排解了。

为什么腹式呼吸能有效地缓解焦虑呢？从医学的角度来解释，当人们感到焦虑时，交感神经会过度兴奋。而交感神经与呼吸神经有密切的关联，吸气时交感神经兴奋，呼气时副交感神经兴奋，因此，处于焦虑状态中的人呼吸又快又浅。而腹式呼吸其实是一种慢节律的深呼吸，会带来节奏感和松弛感，能平衡血液中氧气和二氧化碳的浓度，帮助身体排出更多的废气，还能在一定程度上缓解焦虑。

腹式呼吸与胸式呼吸有明显的不同。胸式呼吸吸气时胸部会凸起，肚子凹下去；呼气时，胸部凹下去，肚子则凸起。而腹式呼吸则相反，吸气时肚子会凸起，呼气时肚子会凹下去。你知道吗？婴儿的呼吸就是腹式呼吸，成人在完全放松或熟睡的状态下，也是腹式呼吸。

那么，如何有效地练习腹式呼吸呢？有如下3种技巧。

1.躺着练习

刚开始的时候可以躺着练习，并将手放在腹部，边呼吸边感受腹部的起伏。

2.专注一呼一吸的过程

现在，将所有的注意力都用在感受呼吸的过程上，感受空气从鼻腔进入气管、肺部，再到腹部鼓起来的过程，吸完气后停一下再呼气，感受气体从肺部、气管再到鼻腔的过程。吸气与呼气的时间最好是1∶2的比例，越慢越好。

3.想象呼吸是排毒的过程

呼吸的时候，可以想象清新的氧气被吸入，焦虑和紧张的情绪被排出。这样一个积极的自我暗示的呼吸过程，能愉悦我们的心灵，可以让我们更自然地与腹式呼吸结合在一起。

瑜伽放松：给你最深层的身心疗愈

张培今年29岁，是一家公司的销售经理。最近几个月，张培为了拼业绩忙得焦头烂额，常常加班，不久她便出现了睡眠差、食欲差、精力不集中、焦躁不安等状态，以致上班效率很差，总监也有意无意地敲打她，她感觉自己要崩溃了。

在闺密欢欢的邀约下，张培学起了瑜伽。每天一个半小时的瑜伽练习，各种瑜伽体式的锻炼，让张培的心态渐渐发生了变化。她似乎忘记了工作的繁杂，忘记了来自业绩的压力，在瑜伽老师动听的声音提示中，她仿佛听到了鸟叫虫鸣，闻到了草木花香，看见了大海的悠远平静……3个月后，同事惊诧于张培的变化——以前紧皱的眉头舒展了，脸上的皮肤有了光泽，走路体态优美，不像以前那么僵硬了，脸上的笑容也多了。张培彻底爱上了瑜伽，瑜伽让她缓解了压力和焦虑。

瑜伽真的能缓解压力和焦虑吗？瑜伽的确是缓解抑郁情绪的好方法。瑜伽不仅是体式练习，还专注于呼吸。长期的瑜伽练习会让人的呼吸变得绵长。研究显示，非瑜伽练习者在仰卧时每分钟的呼吸次数为12—14次，而瑜伽练习者是7—8次，缓慢的呼吸能让大脑变得安静。总之，体式与呼吸共同习练，能给身体带来巨大的能量，刺激每一个细胞，帮助我们放松身体的肌肉。

接下来，让我们一起学习缓解焦虑的5个瑜伽体式。

1.摊尸式

摊尸式看起来毫无技术含量，只要躺在那儿就行，非常简单。实际上是这样吗？摊尸式其实是个有讲究的体式，初学者刚尝试这个体式的时候很容易睡着，而它的要点是清醒而专注地放松。具体步骤如下：

完全平躺在地面上，双腿分开与髋部同宽，脚尖自然向外，双臂自然地放在身体两侧，手心向上。闭上眼睛，放松身体，放空思想，开始进行缓慢的深呼吸（腹式呼吸），不要出现明显的鼻息，下颚、舌头、眼睛等都要放松，如此持续约10分钟。

瑜伽体式非常多，但是没有一个体式能像摊尸式这样使大脑全方位地放松。

2. 猫牛式

猫牛式是猫式和牛式这两个体式组合在一起练习。动作要领如下：

第一步：双膝跪地，双手撑在垫子上。五指分开，双手打开与肩同宽，双膝打开与髋部同宽，脚尖、脚背、小腿要紧贴着地面，大腿与地面垂直，手臂与地面垂直。

第二步，猫式：先呼气，含胸拱背，下巴尽可能地往锁骨处靠，眼睛看向肚脐，背部尽量拱起，呈弧形。

第三步，牛式：先吸气，然后慢慢抬头、挺胸、臀部向上，腹部收紧下沉。

猫牛式可以激活脊柱，缓解背部疼痛，呼吸与动作的连接，能让心平静下来。这个动作重复做5分钟。

3. 桥式

动作要领如下：

仰卧屈膝在垫子上，脚掌着地，双手抓住脚踝。

吸气，屈双膝，尽量把脚跟贴近臀部。

呼气，双手抱住脚踝，然后身体慢慢抬起离开地面，臀部肌肉收紧，如此保持30秒，进行自然的呼吸。

维持同样的姿势，双手改为交握在一起，让肩颈更舒展些。

双手向头顶伸展，交握在一起，让肩膀紧贴地面，臀部和胸部尽量向上抬，此时身体形成桥形，停留几秒。

双手放在耳旁，深吸一口气，腰腹用力一撑。此时双手手掌贴地，再逐渐让脚尖碰地，肩膀也离地，身体形成桥形。

桥式能伸展胸部、颈部和脊椎，锻炼腰腹力量，缓解脊柱疲劳，强健筋骨，帮助人们舒展身体，减轻压力。

4. 树式

动作要领为：

双腿并拢站在垫子上，凝视前方的一点，弯曲左腿，向上抬起，向身体外侧打开。左手抓住左脚脚踝，让左腿脚掌紧贴右大腿内侧，左脚脚趾朝下，右腿一直保持直立。然后双手在胸前合掌。

双手合掌，向上伸展，肩膀下沉，保持这个姿势10—30秒，进行深呼吸。

双掌分开，放低手臂，自然垂在身体两侧，左腿伸直落地，恢复站立姿势。

然后换腿重复上述动作。

树式可以发展身体的平衡感和专注力，从而促进精神和情绪的平衡。

总之，瑜伽放松体式有很多，还有卷腹、双脚式、蝗虫式等。但要提醒大家的是，在练习瑜伽体式的过程中，有些人坚持不了，而能持之以恒的人，才能培养好习惯。最后，希望我们工作、生活中的紧张，都能在瑜伽的一呼一吸中得到彻底的放松。

有氧运动放松：酣畅淋漓的运动让你获得“深休息”

我们都知道，运动可以帮助我们保持体形、增加活力、建立自信。但是你知道吗？运动还有助于我们释放焦虑和紧张。这一观点得到了很多专业人士的认可。

在心理学领域，很多专业人士已把运动列为减缓焦虑状态的有效手段。他们认为，运动，尤其是有氧运动，能在一定程度上缓解焦虑，原因有以下４点：

（１）由于运动的节律性，人们进行跑步、游泳或骑自行车运动等有助于身心放松。

（２）有研究表明，当人体感到焦虑时，肾上腺素会升高，而有氧运动可以消耗人体的肾上腺素，从而缓解焦虑。

（3）也有专家认为，运动可以让身体产生内啡肽。内啡肽被称为“快乐激素”，有镇痛作用，能帮助人排解压力和不快。

（4）从社会因素来考虑，大多数运动可以带来人与人的互动，从而加强个人与社会的接触，这会给人一种无形的安慰，让人减轻焦虑感。

由此看来，运动能缓解焦虑是生理因素与社会因素共同作用的结果。因此，如果你在工作或生活中感到焦虑，不妨抽出时间参加一些有氧运动，不仅能加强身体素质，也能让自己的精神得到放松。以下是关于运动规划的4点建议，希望大家能更合理、更有效地通过运动来应对生活中的挫折。

1.运动项目的选择

尽量选择一些运动量适中，运动后心率不会过快，微感出汗的有氧运动项目，如快走、慢跑、游泳、练太极拳、打羽毛球等。这些运动通常不需要专业、特殊的器械和场所，可操作性强，适合各个年龄阶段的人。

2.循序渐进地进入运动状态

心理学家认为，当一个从不运动的人开始运动时，应循序渐进地进入状态。若一开始就进入马拉松式的运动，无疑会带来痛苦。因此，刚开始可以锻炼较短的时间，以自己感到舒适为宜，如此进行一周后，可以在原来的基础上增加力度和时间。

3.多项运动结合，分次训练

心理学家认为，我们没必要一次性完成当天的运动计划，可以分解为多次进行。比如，分三次快走15分钟，与一次性快走45分钟具有相似的效果。这里不主张用单一运动疗法来治疗焦虑症，最好是多项运动结合。

4.和其他人一同训练

一个人坚持运动需要极强的意志力，很多人坚持不了多久就放弃了。因此，我们可以找个伙伴一起训练，也可以参加一些运动兴趣班。如果和对方约好了运动的时间，那么我们身上就多了一份责任，还能与他人互动。

最后，心理学家认为，在运动过程中，不需要过度强调运动的必要性，不然会给人带来无形的压力。真正的运动应该很自然地融入我们的生活中，使我们乐在其中。希望大家能在锻炼中获益。

小测试：你的心理调适能力过关吗？

在这个竞争日益激烈的时代，人们的工作、学习压力都很大，心理调适能力高的人，善于给自己减压，从而轻松愉快地工作和生活。你的心理调适能力如何？来检测一下吧，认真完成下列选择题，然后将总分与结果进行对照。请注意，本测试只是为你认识自己提供一个角度，仅供参考，不具有诊断意义。

1.设想你正好遇到一场严重的伤亡事故，一些人正围拢过来，下面哪个行为模式最符合你要采取的行动？

A.尽快离开现场，对流血的尸体感到恶心

B.在围观者中恐惧地看着这场面

C.尽管没有受过急救训练，但尽自己最大的力量去帮助事故中的受伤者

D.因为受过急救训练，立刻自愿投入抢救行列中

E.立刻询问谁有急救站或警察局的电话号码

2.指出在下列情况发生时你不安的程度（“特别严重”“严重”“稍微有点”“一点也不”）。

A.你的狗，忠实的伴侣，因年老而死亡

B.3个星期前做的假日计划推迟了3个月

C.你的双亲之一突然去世

D.你听说某种疾病蔓延，已造成数千人死亡

E.在你和家人准备乘飞机出去的前一天听说一次空难事故，有几百人遇难

F.某个朋友弄丢了你借给他的你最喜欢的一本书

G.交通阻塞耽误了你重要的约会

H.你不小心打碎了一筐鸡蛋

I.你听说石油价格马上要上涨10%

J.你的工作任务无法完成

3.你邀请了你的老板和他的夫人某天到你家做客。但在晚宴的前一天，你突然意识到你房间装饰无法举行这样的晚宴，你将采取下面哪项对策?

A.打电话给老板，装病以拖延这次晚宴

B.用整个晚上的时间装饰房间，使晚宴按计划进行

C.按时举行晚宴，并对房间的装饰致歉

D.把不合适的地方遮盖起来，将灯光调暗，使不协调的装饰不引人注意

E.把晚宴改在附近的饭店里举行

4.你开车载着你的朋友发生了撞车事故，下面哪条是你要做的第一件事?

A.下车去看另一辆车里的人怎么样

B.解开你朋友的安全带

C.坐着镇静一会儿

D.关闭发动机

E.立刻环顾周围，害怕第三辆车也撞上

5.指出在遇到下列情况时你不安的程度（“特别严重”“严重”“稍微有点”“一点也不”）。

A.半夜邻居孩子的哭声扰得你睡不着觉

B.你听说附近的交通因某种原因要中断

C.你的宠物猫被汽车压死了

D.你的银行支票来了，实际情况比你预想的要恶劣得多

E.你的假期照片全作废了，因为你没装好胶卷

F.你花了很多钱装饰房间，而事后你一点也不喜欢

G.你要欣赏一个你喜欢的节目，但此时电视机坏了

H.你听说最近的太空实验失败了，3个宇航员遇难

I.通常在你的生日时，你会收到一大笔钱，而今年因经济原因，你得到的钱很少

J.你的一个孩子因偷窃被警察拘留

6.刚搬来一年的邻居第一次举行晚会，一直闹到接近天亮，下面哪条最接近你要采取的行动？

A.给居委会打电话抱怨噪声

B.打电话给邻居，非常有礼貌地要求他们把声音调小一点

C.用被子盖住头，强迫自己入睡

D.打电话警告邻居，如果他们继续这样，你就找警察

E.起床，敲门要求加入舞会

F.自己计划一个晚会来报复

7.你花很多钱买了一台录音机，很快就坏了。下面哪条最接近你要采取的行动？

A.写封措辞强硬的信给制造商

B.将收录机抱回商店，要求退钱

C.自己修理

D.不停地抱怨，但不知道采取什么行动

E.要求商家以同样的价钱换一台录音机

F.写一封有礼貌的信给制造商，要求厂家换一台好的录音机

8.请用"是"或"否"回答下列问题。

A.你是否在争吵中失手打过别人？

B.你是否因家庭的某种状况而担心？

C.如果某人想向你借钱，你是否愿意？

D.如果另一方赢得了选举，你是否很恼火？

E.如果在体育比赛中失利，你是否很生气？

F.你是否相信某些人很走运？

G.你是否有时因问题成堆而心情不畅？

H.在财政方面做出决定能否使你破产？

I.你是否发现要改变你做事的方法是比较困难的？

J.你是否很好地遵守时间？

评分标准

1. A:1　B:1　C:2　D:0　E:0

2.按“特别严重”“严重”“稍微有点”“一点也不”的顺序：

A:2 0 0 2　　B:1 1 0 0

C:0 0 1 2　　D:0 0 0 0

E:2 1 0 0　　F:2 1 0 0

G:2 0 0 1　　H:2 1 0 0

I:2 1 0 0　　J:0 0 0 0

3. A:2　B:2　C:0　D:0　E:1

4. A:2　B:2　C:2　D:0　E:2

5.按“特别严重”“严重”“稍微有点”“一点也不”的顺序：

A:2 1 0 0　　B:0 0 0 0

C:2 0 0 1　　D:2 1 0 1

E:2 1 0 0　　F:1 0 0 1

G:2 1 0 0　　H:0 0 0 0

I:2 1 0 0　　J:0 0 1 2

6. A:2 B:0 C:2 D:2 E:0 F:2

7. A:2 B:0 C:1 D:2 E:2 F:0

8. 按“是”“否”的顺序：

A:2 0	B:2 0
C:0 1	D:0 0
E:1 0	F:2 0
G:1 0	H:1 0
I:1 0	J:0 1

测试结果

【0—10分】

充满自信，适应力强，能够很好地处理生活中的问题。

【11—15分】

生活中有时会遇到令你不知所措的事情，不过一般情况下你都可以较好地处理。

【16—25分】

缺少应有的自信，面临生活中的危机会采取退缩行为，心理调节能力偏低。

【26—35分】

易焦虑不安，情绪极不稳定。建议采取一定的措施进行自我调整，或求助于心理医生。

第五章

安抚心灵，建立阻隔焦虑的心理屏障

积极暗示：尝试挖掘出更多好消息

李哲马上要参加一个资格考试，他越来越担心。去年他就参加了考试，但是由于紧张焦虑考砸了。那次考试给他的心理留下了阴影，他告诉自己，考试千万不能焦虑，一紧张就会出错。尽管如此提醒自己，但是眼看考试临近，李哲还是控制不住自己的焦虑情绪，这段时间更是辗转反侧，难以入睡。

心理学家认为，像李哲这样的考生很多，他们需要进行心理调适，否则焦虑程度过高，可能会干扰正常的分析与判断。

那么应该如何进行心理调适呢？心理学家认为，无须畏惧焦虑，只要多进行积极的心理暗示即可。比如，告诉自己，考前焦虑是一种非常正常的情绪，大家都有焦虑情绪，而且过高或过低的焦虑程度都不利于考试，适当的焦虑才能激发我们的动力。另外，考生要多回想自己考试的成功经验，当时做了什么，情绪如何，鼓励自己，相信自己一定能通过考试，由此来增加自己的信心。总之，积极的自我暗示非常重要。

积极暗示真的具有如此大的力量吗？下面给大家讲一讲著名的罗森塔尔实验。

1968年，美国心理学家罗森塔尔做了这样一个实验。他在一所小学随机挑选了18个学生，并告诉学校的校长和老师，这18名学生各方面表现超群，很有发展前途，并让学校保密。8个月后，罗森塔尔对这18个学生进行复试，令人惊奇的是，当初随机挑选的18个孩子成绩有了巨大的进步，而且性格开朗，求知欲强。这个实验说明什么呢？学校和老师受到罗森塔尔的暗示，对名单上的18个孩子抱有更高的期望，因此老师有意无意地向这些孩子传达了期望。孩子接收到老师的信号，也给予积极的反馈，如此循环，孩子不断朝着老师期望的方向发展。

由此可见，积极暗示能引人向上，相反，消极暗示则会阻碍人追求更好的生活。正如罗森塔尔实验中那些未被暗示有潜力的孩子，他们潜意识里认为自己是平庸的，因此，他们没有进步。

所以，无论是在工作中还是在生活中，我们都应该给自己积极的期待。我们要相信，积极暗示能起到的效果超乎我们的想象。

那么，我们应该如何进行积极的自我暗示呢？有什么技巧吗？可以看看以下4点。

1.给予快乐轻松的暗示，不要施加重压

在一场比赛中，一位跳高运动员仅剩最后一跳，只要跳过了，就能获取金牌，教练鼓励他："只要跳过去，你就名利双收了。"结果，他并没有跳过。

在另一场比赛中，一位运动员同样面临着冲击金牌的最后一跳，教练鼓励他："跳完了，你就能回家享受妈妈给你做的小馅饼了。"这位运动员最后夺得了金牌。

都是鼓励性诱导，为什么一个成功，一个失败呢？因为在压力很大的时候，再施加重压，心里的那根弦很容易绷断。快乐轻松的暗示更能起到作用，比如，项目结束后就能享受快乐的假期了……

2.反复暗示，加深印象

心理学家认为，积极的潜意识需要反复强化、暗示、刺激，这样才能在我们的意识中留下痕迹。因此，每天早上起

床后，或晚上睡觉前，都可以用积极正面的话语激励自己几遍，甚至可以把激励的话语写下来贴在我们能看见的地方。久而久之，这些积极的暗示会在无形中引导我们的思想与行动。

3. 把积极的情绪与某种行为连接起来

比如，早上跑步我就开心，每次考试我都信心百倍，只要工作我就能投入……将事情与情绪建立起一种积极的联系，可以使我们每次做这些事情时，就拥有好心情，继而产生自信。

4. 设立合理的期望值

心理学家认为，积极暗示一定要合乎规律，不能绝对化。比如，要求一个刚学会走路的孩子去练习跑步，是不符合现实的。

还有些人会这样给自己暗示：我一定要考第一名，我一定要超越×××，我一定要碾轧×××，这样暗示的结果很可能带来“相悖意象”的心理体验，因为第一名通常只有一个，而且超越他人容易让自己变得被动。所以积极暗示最好是超越自己，而非他人，比如，我要比上次发挥得更好，我有信心考出好成绩，等等。

最后，提醒大家，自我暗示要顺其自然，太刻意很可能会适得其反。

合理宣泄：避免落入另一个极端

当一个人的负面情绪积累到一定程度的时候，该如何进行疏导？发泄是心理学中提倡的心理防御机制之一，积累已久的情绪需要进行合理、适度的宣泄。每个人的承受能力都是有限的，超过一定的限度就会引起心理上的失衡，可能使我们陷入另一个极端。

社会的不断发展催生出人们焦虑、急躁、抑郁等多种负面情绪。相关机构也意识到这一点，据了解，一些高校为学生设置了“发泄室”，比如在教室里立一个橡皮人，需要发泄时可以对着橡皮人击打。

这种宣泄的方式好吗？有心理学专家认为，“发泄室”模式受追捧，说明情绪的发泄是生活的需要，但并不赞同用这种方式发泄。“这种暴力性的方式容易导致发泄者形成一种不良的行为习惯，并在发泄后保持这种习惯。面对替代对象，当你发泄得很过瘾，达到目的后会认为这是一种有效缓解情绪的方式，一旦发泄的替代物不在眼前，就可能会对原有物进行攻击。”也就是说，情绪的宣泄是一种重要的情绪管理，但宣泄要方式正确，合乎分寸。

那么，我们可以通过哪些方式来合理地宣泄情绪呢？心理学家给出了以下4点建议。

1.倾诉

在生活与工作中，我们可以找合适的对象进行倾诉，把负面情绪宣泄出来。当然，愿意听你倾诉的人一定是非常可靠的。

2.哭泣

心理学家认为，哭泣是缓解情绪的一剂良药。哭泣不仅能宣泄情绪，还能让我们感受到对自己的关爱。坦然接受自己的哭泣是对自己的一种包容，一旦我们察觉到对自己的包容时，一种自信感与安全感会在我们的内心酝酿、成长。

3.书写

我们可以使用“书写”这种方法来记录自己的情绪。这不仅能帮助我们发泄情绪，还能帮助我们审视自己的情绪是否合理，从而用更积极的方式来管理情绪。

4. 运动

心理学家认为，心里有情绪要爆发时，可以选择打球、跑步、游泳等方式来进行合理化表达，进行酣畅淋漓的运动后，我们的情绪能在一定程度上得到缓解。

总之，懂得合理地宣泄自己的情绪是一个人成熟的标志之一。一旦发现心里承载负面情绪的容器满了，就要及时排解，这样我们的内心才能积聚更多正面的能量。

自我接纳：欣然接受现实中的自己

生活中有很多人似乎无法接受原本的自己，只想成为别人。其实，人生在世，每个人都是独一无二的，我们无法复制别人的人生，我们只能成为更好的自己。

心理学家认为，成为更好的自己首先要爱自己，而“自我接纳”是爱自己的前提。什么是“自我接纳”呢？有些人是这样理解的：

一个有焦虑症的人压根不想出门工作，那么自我接纳就是接受这样的自己，等哪天不焦虑了再出门。

一位女士和丈夫吵架了，她的脾气很冲，遇事不能包容对方，她心想："我就是这样的脾气，没法改，我要自我接纳，不能让别人改变我。"

一个不喜欢收拾家的人总是安慰自己："没关系，乱就乱呗，我就这样，以后谁和我结婚就得接受这样的我。"

在上述例子中，他们把这种不改变、逃避现实、自暴自弃、安于现状的行为看成自我接纳的方式，这是错误的，不是真正的自我接纳。心理学上对"自我接纳"的定义是，个体对自我的特征和感受、生活经历等与自我相关的一切内容采取一种积极的态度，以促进自我的整合与成长。通俗点说，自我接纳除了无条件地爱自己，爱自己的闪光点与过人之处，接受自己的阴暗面与不足之外，还要在原有的基础上进一步完善自己，突破自己，这样的自我接纳才有意义。因此，当我们接纳了自己的不足，也别忘了改变。

心理学家还认为，一个懂得自我接纳的人，通常也能接纳别人，他们有稳定的自我观，在人际关系中如鱼得水，因此更容易获得幸福感与满足感。相反，那些对自我不能接纳或不能完全接纳的人，要花很多时间去处理内心的纠结，他们常常会在人际关系中品尝挫败感与自卑感。有心理学家认为，人们越是感到社会不够接纳自己，他们的负面情绪就越严重，幸福感就越低。

学会自我接纳不能一蹴而就，心理学家认为，真正的自我接纳需要经历漫长的过程，下面就结合上文的第一个案例给大家阐述自我接纳的4个步骤。

1.坦然正视并接受自己

案例中的患者由于焦虑不敢出门工作。他首先要认清这样的自己，承认不敢出门是内心的恐惧造成的，而不是不想去工作。此时只正视自己，不要做任何评价。

2.要明确自己的需求

患者应该进行自我询问，是希望通过逃避工作来缓解焦虑症状，还是希望通过努力回归正常的生活状态？

3.付诸行动去塑造期待中的自己

当明确内心深处想成为更好的自己后，就要在真实自我的基础上，一步步地改变自己、塑造自己。这一过程必定伴随着痛苦，但是患者内心深处要明白，自我接纳不会因为做不到而轻易地否定自己，自我接纳也不会因为困难而停止改变自己。因此，一点点开始吧，接纳自己，后面再慢慢调整。

4.对自己寄予厚望

患者要认识到完成“自我接纳”这一过程并不短暂，要在这个过程中一直对自己寄予厚望，并接纳在这个过程中时而前进，时而后退，时而原地踏步的自己。就好比浇灌一棵树，它不能迅速长成参天大树，而需要日复一日、年复一年的努力。

意志力训练：让内心强大的状态更持久

当我们戒烟失败了，我们可能会说：我意志力不够；

当我们减肥失败了，我们可能会说：我意志力不够；

当我们没能坚持跑步，我们可能会说：我意志力不够；

当我们控制不住发火的时候，我们可能会说：我意志力不够；

……

意志力是什么？意志力是心理学上的一个概念，指一个人自觉地确定目的，并根据目的来支配、调节自己的行动，克服各种困难，从而实现目的的品质。这是人格的重要组成因素。通俗点说，意志力就是自控力，是控制自己注意力、情绪、欲望和冲动性行为的能力。

那么，意志力可以控制焦虑吗？心理学家认为，焦虑、抑郁、恐惧等负面情绪不是靠个人意志就能对抗的。这些都有疾病的倾向，它们不是患者的自由选择，所以，仅凭意志力是难以克服焦虑的。但是，强大的意志力可以让内心强大的状态更持久，从而减少焦虑、抑郁或恐惧等负面情绪的产生。

那么，强大的意志力是如何练成的呢？

1.给自己设立一个“假想敌”

比如，你是一个不爱运动的人，然后一次偶然的机会，你下决心练瑜伽。那是一个中午，你正在餐馆吃饭，突然眼前出现了一道光——一个身姿窈窕、气质出众的美女出现在大家眼前，吸引了在场所有人的目光。

你也被深深地震撼了，看着自己的身材，你开始在网上找塑形的方法，最终你决定去学瑜伽。没学两次，你觉得太苦太累了，想要放弃，但是你的眼前又出现了那个美女。于是，你咬牙坚持了两个月的瑜伽训练，并决定一直坚持下去。

那个美女就是你给自己设立的“假想敌”，她可谓磨砺你意志力的磨刀石，不断督促你进步。

2. 提高心理阈值，跳出舒适圈

当心理意识暗示你该去学习时，你的大脑却告诉你："不，我不想。"所以，意志力经常会与我们的心理暗示发生对抗与冲突。为了逃避困难与痛苦，人们会下意识地使用各种心理暗示，而且心理暗示往往会获胜，只有小部分人可以驾驭自己的心理暗示。一旦意志力取胜，就等于击败了那个懒惰、拖延的自己。每一次对抗的成功都会使心理阈值提升。

3. 用内心的欲望来唤起行动

曾经看到一个健身中心的教练是这样教大家喊口号的："一二三四瘦手臂，二二三四瘦大腿，三二三四瘦小腹，四二三四瘦十斤！"不得不说，这个教练很懂通过调动欲望来唤起大家的行动。

总之，减肥、健身和学习的过程都是痛苦的，很少有人会乐在其中。尽管大多数人不喜欢，但大家依然努力地减肥、健身、学习。为什么？因为我们都有欲望——减肥能让我们的身体变得更健康，健身可以增强抵抗力，学习可以开阔视野。这些欲望都会不断地督促我们行动。

最后，提醒大家，强大的意志力不是一朝一夕就能形成的，而需要在训练的过程中逐渐形成，其间不可避免地会遭遇挫折和阻挠，但能坚持下去，就是意志力的体现。

正念疗法：放松心情，体验当下

5年前，蒋先生由于工作原因，经常需要应酬，因此喝酒比较多，妻子对他非常不满，导致夫妻关系紧张。

有一次，蒋先生在和客户打牌时，突然出现了强烈的濒死感，他感觉自己透不过气。客户以为他是酒喝多了的缘故，让他去医院看看。到医院做了一系列检查，什么都没查出来，医生建议他去心理科看看。心理医生诊断蒋先生患上了焦虑症，并且开了一些药。

蒋先生内心对药非常排斥，觉得吃了并没有什么效果，于是自作主张停了药，没想到停药后的感觉非常难受。无意间蒋先生接触了正念练习，于是他开始进行行走坐卧的修行。一段时间后，效果很好，他感觉情绪上的波动没以前那么明显了，自我感觉恢复得不错。以往他总是排斥焦虑感，一心想打败它，而学习正念后，他开始接纳焦虑的存在，反而不像以前那么痛苦了。

到底什么是正念呢？正念，又称“正念疗法”，是一种专注于当下，全然开放的自我觉察，以及不需要带有自我批判的心态，以好奇心和接纳迎接内心和脑海中的每个念头，其核心是全神贯注，感受当下。从正念疗法被提出到现在，越来越多的人通过它改善焦虑、恐惧、抑郁等情绪。

那么，为什么正念疗法对焦虑、抑郁、恐惧等负面情绪有效呢？心理学家认为，一切负面情绪源于过去与未来，即对过去懊悔，对未来忧虑，他们唯独忘了“当下”，而“当下”才是最值得我们去关注和感受的。正念疗法的核心是关注当下，它会让人有意识地感知当下，并忘记过去与未来，从而达到避免陷入负面情绪的目的。

一起来进行正念训练吧。每天15分钟的正念训练，或许就能让我们摆脱焦虑，重获平衡与安宁。

（1）以一种绝对放松的姿势坐下，放空自己的大脑。

（2）开始全神贯注地、缓慢地做一件事，比如观察你对面鱼缸里的鱼，欣赏它们摆尾的姿态，感受它们的活泼。切记，要以一种全新的态度来做这件事，就好像第一次做一样。当然，也可以进行正念呼吸，感受清新的空气从鼻孔、喉咙、气管到肺部的过程，再感受体内的浊气被呼出的过程，不断反复地感受，聚焦当下。

（3）感觉到自己分神了，当然，这是极其正常的。比如，你会想："我昨天吃了什么？""我这样做有用吗？""明天的考试怎么办？"没关系，立马拉回自己的注意力，继续做当下的事，比如观察金鱼或关注呼吸。

（4）不断地重复上一个步骤。

（5）每天至少做15分钟正念练习。

以上是正念练习的通用方法，坚持练习，我们会在过程中感受内心真正的平静。

此外，心理学家认为，正念练习讲究循序渐进，不能对自己有过高的要求和期待。刚开始练习的时候，我们"感觉自己分神了，并能将注意力重新拉回到正在做的事情上"就已经很不错了。

系统脱敏：通过心理放松对抗条件反射

在生活中，我们总是会遇到一些自己害怕的人或物。比如，有的人遭受考试失败的打击后，一遇到考试就很焦虑；有的人不慎从高处掉下来后，就再也不敢爬楼梯，更别提坐飞机了；有的人由于求职失败，对他人的观察和批评感到非常焦虑……

仔细分析这些情况，好像也不是特别严重的心理问题，但如果不解决，又会给我们的生活、工作带来极大的困扰。应该怎么办呢？心理学家认为，可以通过“系统脱敏法”来解决。

何为“系统脱敏法”？心理学上的“系统脱敏法”又称交互抑制法，是美国学者沃尔普创立与发展的，治疗理念是诱导求助者暴露出导致焦虑或恐惧的情境，然后用放松疗法来对抗这种焦虑或恐惧，直至其消除对刺激的焦虑或恐惧。

系统脱敏疗法主要分为3个过程：放松、等级构建、脱敏。下面将结合案例来分析这3个过程。

欣悦今年24岁，最近她焦虑得夜不能寐，因为她即将在1000多人面前做学术报告。本来她不是很紧张，但是上次同寝室的室友演讲发挥失常，遭到了教授的批评，这给她的内心留下了阴影，她害怕自己也会出糗。眼看学术报告会临近，她焦虑得上火、失眠、精神紧张。

她想起了一位做心理导师的朋友，于是向他求助。朋友听后，笑着说，用“系统脱敏法”就能治好她的焦虑。

首先，他教给欣悦放松技巧。他找了一处光线柔和、温度适中的地方，让欣悦坐在舒适的椅子上，随着轻柔舒缓的音乐开始进行肌肉放松训练，按照从头部、面部、颈部、胸部、背部，然后到四肢的顺序，体会每个部位肌肉的紧张感与松弛感，并想象自己处在放松的情境中，如此进行30分钟。他要求欣悦每天进行1—2次放松训练，以便后期能灵活应用。

其次，他要求欣悦构建焦虑等级。他让她把事件或情境按照引起焦虑的程度从低到高排列出来，并采用百分制来划分主观焦虑程度。于是，欣悦进行了如下排序：

- 去学术报告厅的路上　焦虑等级20分
- 在学术报告厅看到室友和教授　焦虑等级25分
- 看见讲台和听众　焦虑等级50分
- 马上就轮到自己演讲了　焦虑等级60分
- 走向演讲台，并环视听众　焦虑等级80分
- 准备开口说第一句话　焦虑等级90分

再次，开始进行想象脱敏训练。他让欣悦想象她构建的第一个轻微的焦虑情境——去学术报告厅的路上，想象一定要逼真、生动、清晰，保持30秒。如果出现焦虑或恐惧，就停止想象，用第一步学会的放松方法来对抗焦虑，可以反复进行，直至焦虑或恐惧消失。如果没有出现焦虑或恐惧，那么该等级的脱敏就完成了。如此逐渐升级，直到欣悦对最高等级的情境不感到焦虑，想象脱敏训练就完成了。

最后，进行现实脱敏训练。这是很关键的地方，依然按照焦虑等级从低到高开始训练。经过观察，他发现欣悦一看

到讲台就焦虑，于是他现场模拟了一个讲台，把训练当成考核，让欣悦提前适应。欣悦还担心自己该如何开口说第一句话，于是他让欣悦严格地按照流程从头到尾进行演练，以此增加她的自信，消除她的焦虑。

经过近10天的脱敏训练，欣悦演讲前的焦虑大为改观，在做报告的那一天，她思路敏捷、表达清晰，得到了教授与同学们的一致好评。

这里提醒大家，系统脱敏法是用来治疗求助者对特定的事件、物体、人或泛化对象产生的恐惧与焦虑的经典方法，需要在心理医生的指导下进行，切勿自行尝试。

获得“心流”：进入令人沉浸的终极体验

备战高考刷题两个小时，完全不觉得累；

阅读一篇美文如痴如醉；

写一篇文章，文思泉涌，停不下笔；

上游泳课越游越起劲，感觉自己找到了巅峰状态……

这些把体能和智力都发挥到极致的最优体验你有过吗？心理学家认为，上述行为进入了“心流”状态。何为

“心流”？“心流”是由心理学家米哈里·契克森特米哈赖提出的一个概念，这个词用来描述我们全身心地投入一项活动，仿佛时间消失了，同时会有高度的兴奋感和充实感。这像不像成语心无旁骛、物我两忘描述的境界？米哈里·契克森特米哈赖认为，心流状态意味着最佳的表现、产出和幸福感。幸福感，不只是感觉心情好。心流带来的充实感，既是人类纯粹的喜悦，也是能带来更深的满足感和快乐感的幸福体验。心流状态意味着高效益、满意、积极的反馈。

不仅如此，米哈里·契克森特米哈赖还认为心流可以缓解焦虑。为什么呢？当我们全身心地投入一项活动时，大脑会产生特殊的脑波，阻断我们内在的自我批评、自我矛盾和负面思想，从而抑制焦虑的产生，并收获幸福的感觉。

进入心流状态并非易事。但心理学家认为，只要训练得当，每个人都能提升自己这方面的能力。所以，不如开启你的心流状态，让焦虑得以缓解。

一般来说，进入心流状态需要具备3个条件。

1.目标明确

你一定要选择你真正感兴趣的事情来做，这件事不需要多么特别，也不需要取得多大的成果，但一定是你真正热爱并愿意付诸行动的。如果你没有兴致，那么体验到的只能是无聊和无趣。

另外，心理学家认为，选择一件事情全身心地投入并不是为了获得其他东西，而是认为事情本身就是最大的回馈。比如攀登的目的是一直攀登，永不停歇，阅读的目的是享受阅读这个过程。把全部心力投入行动本身，是获取心流体验的重要条件之一。

2. 挑战与能力相当

活动的选择一定要具有挑战性，这样才不会感觉无聊或厌烦，但是难度不能过高，否则会引发焦虑。

比如，你想画画，如果选择画圆圈、波浪线，你可能很快就会失去兴趣；如果你是刚步入职场的新人，却想去从事一项必须有多年经验才能驾驭的工作，你会感到焦虑。

因此，我们需要有意识地依据自己的能力来选择活动。切记，当活动的难度与我们的能力相匹配时，我们才能进入心流的状态。

3. 及时评价与反馈

心理学家认为，心流状态中的及时反馈使我们幸福，而及时反馈还能减少不确定性带来的焦虑，让心流继续。

正如棋手，落子后就能知道自己距离目标还有多远；

正如篮球运动员，投球后就能知道自己的姿势是否到位；

正如高中生，做完题就能意识到自己哪个知识点很薄弱。

所以，如果反馈不及时，不仅体会不到愉悦感，还可能产生焦虑。

总之，当你进入心无旁骛的状态，你忘记了时间，忘记了无关紧要的人和物，也忘记了那些缠绕在心里的情绪，你的意念得以协调统一，你浑然忘我……当你结束这个过程时，你会感觉时光飞逝，再次回忆这个过程，感觉一股洪流带领着你奔涌向前，使你充满力量，又充满了幸福。

小测试：你的心理承受能力有多强？

心理承受能力是一种很重要的心理品质。人不可能总是一帆风顺，免不了会遇到一些困难、挫折甚至失败。心理承受能力差的人，在遇到上述问题时会心绪不宁、思维混乱、焦虑不安，甚至导致极端行为。具有良好心理承受能力的人能够轻松地应付外部环境的冲击。本测试只是为你认识自己提供一个角度，仅供参考，不具有诊断意义。你属于哪一种呢？快来测测吧！

1.公司的同事不打招呼就来到你家楼下，打电话说要上来玩，你会怎么办？

非常生气，居然有这么不懂尊重别人隐私的人，想办法拒绝（0分）

没办法，还是让他们上来了，可是心里还是很不愉快（1分）

挺开心地欢迎他们上来（2分）

2.如果需要换一个发型，你一般会考虑怎样的美发店呢？

先让同事或朋友介绍一家美发店，要有50%的把握你才会去做发型（0分）

找一家比较有名的美发店（1分）

看心情，说不定哪天下班就随便走进一家美发店（2分）

3.你的童年是什么样的呢？

在父母的宠爱下度过的（0分）

在相当孤独的情况下度过的（1分）

和父母的情感比较一般（2分）

4.最近几次遇到不愉快的事时，你的情况是怎么样的？

我真倒霉，坏事不断，一次比一次感到苦恼（0分）

努力坚持，坏到极点总会出现转折吧（1分）

有些不开心，但坚持一下，很快能过去（2分）

5.如果在名品店购物时，销售小姐对你爱搭不理，你会怎么样？

找名品店经理投诉，一定要让销售小姐道歉才行（0分）

非常不爽，对她冷嘲热讽，而且让朋友都不要到那里去买东西（1分）

一笑而过，不和她一般见识（2分）

6.你现在的经济能力如何？

收入不太高，但是够用了（0分）

收入相当宽裕，可以尽情购物（1分）

每个月都没有存款（2分）

7.你觉得下面哪一条是上司对你最贴切的评价？

责任心超强，对没有完成的重要事情，你会吃不下饭，睡不着觉（0分）

懂得顾全大局，善于团结大家（1分）

能力一流，擅长应对开始陷入困境的市场（2分）

8.你的身体情况如何？

只要感冒流行，你就会被传染（0分）

心情不好的时候，身体就会变得很差（1分）

每年生一两次病是常事（2分）

9.下面哪一种情况，更符合你在公司里的处境？

让你和性情不同的人一起工作，简直是活受罪（0分）

我对新来的人总是有防备之心（1分）

大家都认为我很有团队精神（2分）

10.你和老公一起看电视，转台时忽然看到一个你很讨厌的歌手在唱歌，但你的老公表现得很有兴趣的样子，你会怎么样？

看不下去，一定让他换台（0分）

找其他理由让他换台（1分）

不说什么，反正一会儿那个歌手就要下场了（2分）

11.睡不着的时候，你一般的选择是什么？

服用安眠药，总之要让自己睡着（0分）

动用数绵羊大法（1分）

睡不着就睡不着，起来上网或看电视剧都行（2分）

12.每到一个新地方，你是否会出现身心问题，比如吃不下饭、睡不着觉、拉肚子、头晕等？

是的（0分）

不是（2分）

13.看到苍蝇、蟑螂等讨厌的东西，你是否会感到害怕？

是的（0分）

不是（2分）

14.看完惊险片很长时间里，你是否一直觉得心有余悸？

是的（0分）

不是（2分）

15.在人多的场合或陌生人面前说话，你是否会感到窘迫？

是的（0分）

不是（2分）

16.当你错过一次电梯而需要爬楼梯时，你是否会感到非常沮丧？

是的（0分）

不是（2分）

17.晚睡两个小时是否会使你第二天明显精神不振？

是的（0分）

不是（2分）

18.你是否常常因为想心事而躺在床上久久不能入睡？

是的（0分）

不是（2分）

19.你是否常常觉得生活很累？

是的（0分）

不是（2分）

20.你是否偏食？

是的（0分）

不是（2分）

21.当你与某个朋友闹矛盾后，你是否一直无法消除与他相处时的尴尬?

是的（0分）

不是（2分）

22.当你与情侣或爱人闹不愉快时，你是否曾想离家出走?

是的（0分）

不是（2分）

23.你在书上或报纸上看到一些疾病的症状时，是否总觉得和自己的状况非常相似?

是的（0分）

不是（2分）

测试结果

【0—15分】

你的心理承受力较弱，经不起突如其来的变故，这可能和你一帆风顺的经历有关。你内心脆弱，经受不住刺激，更经不起意外的打击，即使稍有不顺意也会使你寝食不安，这是你的一大弱点。建议你主动扩大心理承受面，愉快地接受生活挑战。同时要少想个人得失，因为应付困难的能力说到底是对个人利益损失的承受力。

【16—25分】

你的心理承受力一般。在通常情况下不会有什么问题，但面对大的变故就会有些麻烦。千万别以为自己是可以承受一切的超人，把所有的问题都自己扛，事实上，你只是习惯于承受压力，但没有真正学会如何消除紧张。最佳的办法还是多学习自我放松之术，适量减少自己的各项事务，重新获得生活的平衡。

【26—46分】

你的心灵和自己认为的一样强。像你这样的人，敢于迎接命运的挑战，而且有不平凡的经历，能面对现实，对来自生活的冲击波应对自如。不过还是建议你别让自己太累太急，多点时间放松。懂得张弛有度才能让你每天都有好状态。

第六章

转变思维，打破自我折磨的死循环

非理性信念：焦虑者特有的思维方式

“我这个季度必须完成任务，不然我没法面对领导。”

“我一定要考100分，不然我没法原谅自己。”

“你必须永远和我在一起，我们不能分手。”

“我应该勤奋工作，否则对不起供我上学的父母。”

“身边的人都买房买车了，就我一无所有，我真是太没用了。”

在日常生活中，你说话是否也会带上“一定”“必须”“应该”等字眼？你面临问题时是否总是过于消极、负面，并给予相当糟糕的评价？如果是，那么你很可能受到了“非理性信念”的影响。非理性信念存在于大脑中就很容易导致心理问题，从而引发抑郁、焦虑等负面情绪。

什么是非理性信念？非理性信念由理性情绪行为疗法的大师埃利斯于1955年首次提出，是指能够引发个体情绪失调和行为失常的偏颇想法，是不合理的、夸张的、绝对化的、完美主义的、不合逻辑的、缺乏清楚思考的、易引起负面情绪及造成困扰的荒谬想法。非理性信念具有如下3个特征。

1.绝对化要求

主要表现为日常话语中经常带“肯定”“必须”“一定”等绝对化的字眼。

比如，把“我必须（一定）……”挂在嘴边的人，其思维可能已被非理性信念侵袭，他们不考虑自己是否喜欢，有没有能力达成，而是必须（一定）达成。于是他们会逼迫自己做一些事，而最终结果又常常违背其主观意愿，所以他们会陷入挫败感中无法自拔，并对过去抱着否定的态度。

把“你必须（一定）……”挂在嘴边的人，是在逼迫他人满足自己的需求。每个人都是独立的，其他人为何要满足我们的需求呢？他们也会优先考虑自己的需求。长此以往，人际关系必将变得紧张。

当我们认为某事“必须（一定）……”的时候，我们的负面情绪，如抑郁、焦躁就产生了，因为世界并非围绕主观意愿运转，我们没有操纵万事万物的能力，生活中的很多事情我们都无能为力。

因此，有“绝对化”思维的人总是以自我为中心，眼里只有自己的目的和欲望，而忽略了他人的想法和现实性，往往容易走极端，导致个体出现焦虑、抑郁、紧张等不良情绪，这是非理性信念的特点之一。

2.过分概括化

主要表现为对他人的成就进行全面肯定，对他人的过失进行全盘否定等，是一种以偏概全的不合理的思维方式。他们不会用辩证的眼光全方位、多角度地看待人和物，只是片面地判断。

比如，这个明星唱歌好听，他真是一个完美的人；这个人赚钱少，真是个没用的人；我每次都考不好，我真的比其他人差……

当这种片面、狭隘的评价落在自己身上时，个体就会产生自卑、抑郁、自责等情绪。而当这种评价落在别人身上时，自己则有可能产生怨恨、敌对等情绪。

3.糟糕至极

这个特点会把事物的发展或结果推论到极度可怕、极度糟糕的地步，从而导致个体因绝望而陷入极端的负面情绪中。然而，事情真的有这么糟糕吗？

比如，我这次晋升又失败了，老婆会不会看不起我？完了，她肯定会和我离婚……她会把孩子也带走吗？到头来，我还是孤身一人……

仔细想想，晋升失败和老婆看不起自己没有绝对的关系，事情并没有想象的那么糟糕。心理学家埃利斯认为，非理性信念的形成很大程度上与一个人的认知有关。比如半杯水，有人看到了希望，认为还有一半的水可以喝，有的人却看到了失望，因为只剩下半杯水了。由此可见换一种思路看问题的重要性。

了解了非理性信念的3个特点，我们又该如何对抗非理性信念呢？埃利斯认为，人生来便具有用理性信念对抗非理性信念的潜能。20世纪50年代，他创立了一套ABC情绪疗法，这套疗法可以和非理性信念辩论、博弈。这套疗法我们将在下一个小节中进行论述。

建立理性信念：ABC情绪理论的神奇效能

著名心理学家阿尔伯特·埃利斯创立了一套理性情绪疗法——ABC情绪理论。他认为，当人们有了绝对化或片面化的非理性信念时，可以用理性情绪疗法与之进行辩论，减少非理性行为带来的影响，从而起到控制焦虑，减少抑郁、愤怒或自卑感的作用。

那么，什么叫ABC情绪理论呢？

A（activating event）指的是诱发事件，是当事人当前所遭遇的事件，C（consequence）代表的是结果或情绪。很多人认为是不愉快的A导致了结果C，但埃利斯认为这是一种非理性的行为，A和C中间还有一个B（belief），作为中介因素，它指的是我们对于A的信念、看法或评价。也就是说，不是A导致了C，而是B直接引起了C，事件本身的刺激并非引起情绪的直接原因，个人对事件的认知与看法才是引起情绪反应的直接原因。

你在一个舞会上看到了自己的上司，你正准备上前打个招呼，他却没搭理你就直接走了。这时候你会怎么想呢？

你可能会想："他是不是对我不满，所以故意这样对我？那我接下来的工作还能顺利进行吗？"这种想法会导致你第二天上班还忧心忡忡，无法安心工作。

你也可能会想："他应该没有看到我吧，或者有其他原因先离开了。"这种想法就对你的情绪影响不大。

如此看来，换一种想法，结果就完全不同了。同样的事件A，我们会产生B1、B2，甚至B3、B4，然后导致结果C1、C2、C3、C4。

那么由于B（信念），导致C（焦虑情绪）时，我们又该如何呢？情绪ABC理论其实还有D和E。D（disputing）代表的是质疑，即可以用理性信念和非理性信念进行辩论，继而产生新的信念E。

下面通过案例来为大家讲述理性信念与非理性信念进行辩论的心理过程。

逸轩是一名大二学生，学校老师得知他擅长游泳，因此决定挑选他代表学校参加市里举办的高校游泳比赛。

逸轩的确擅长游泳，这缘于他从小对水的热爱，但是他从来没有参加过游泳竞赛，这可愁坏了他。眼看比赛临近，他为此感到焦虑，以下是他的ABCDE行为模式。

A（诱发事件）：被学校挑选为游泳选手去参加比赛，逸轩很担心。

B（非理性信念）：我要是紧张导致发挥失常，给学校丢脸了，可如何是好？大家肯定会取笑我，我受不了别人异样的眼神。

C（非理性信念导致的结果）：产生了严重的焦虑，甚至逃避练习游泳。只要一游泳，他就会联想到同学老师嘲笑他的画面。

D（开始与非理性信念进行辩论）：我必须在比赛中发挥最佳吗？如果我没发挥好，就是不可饶恕的吗？

E（产生新的信念）：发挥好固然能给学校带来荣誉，我也会很高兴，但是没发挥好也不是一件不可饶恕的事。

D（继续辩论）：如果我没发挥好，别人会嘲笑我吗？

E（产生新的信念）：如果没发挥好，我想会有人嘲笑我的，也有人会感到失望，但是也有人会安慰我。所以没有什么可怕的，我觉得事情不会到很糟糕的地步，就算我没发挥好，我只要强化练习就行了。

如此看来，只需按照上述方法进行辩论，非理性信念就会被新的理性信念取代，继而形成一种新的、有效的生活理念与态度，当我们再次遭遇困难或挫折时，我们就不容易产生焦虑、沮丧、不安等负面情绪了。

停止“过度思考”：别让反刍思维埋葬你的幸福感

程浩今晚和爸爸吵架了，他把门摔得砰砰响。可是回到房间后，程浩无论如何也安定不下来，他想起刚刚爸爸看他的眼神，无可奈何中又透露着失望。程浩想：“他肯定生我气了，他说我的样子不像个大学生，这可怎么办？下个学期的生活费他还会给吗？不给的话怎么办呢？我就得自己去打工了。哼，他生气，我比他还委屈呢！从小到大，他哪次尊重过我的意见？大学填报志愿的时候他偷偷改了我的志愿。我想出去旅游，他也要干涉，生二胎的时候也没有征询过我的意见……我真的太生气了，他应该也在反思吧。怎么办？哎，作为儿子，我应该主动找他谈谈，不管怎样，他是长辈，我刚才的态度也是太不尊重他了。”

于是，他走到父亲的房门前，正要敲门，却听见父亲熟睡的呼噜声。

生活中你是像程浩一样“过度思考”的人吗？你是否对自己犯过的错误反复自责？你是否为即将到来的事情担忧不已？你是否因为对方一句含混不清的话而辗转反侧、胡思乱想？心理学上把过度思考称为反刍思维，是指人们在经历负面事件后，对事件、自身消极情绪以及事件的原因、可能产生的后果进行反复思考。比如，为什么这件事会发生在我身上？为什么别人看起来那么开心？我是不是有抑郁症？……总之，过度思考会让人陷入消极情绪的旋涡中，还会让我们担忧一些可能根本不会发生的事情。

那是什么原因导致人们出现“过度思考”的行为呢？心理学研究证明，过度思考是降低焦虑的一种潜意识行为，我们害怕未来会出现问题，内心不可避免地会产生焦虑与恐惧，于是大脑产生了一些无法控制的消极思考。正如临床心理学家大卫·卡本威尔所说："因为我们对未来感到脆弱，所以我们一直努力在头脑中解决问题。"

然而，过度思考是有害的，它会耗损我们的精力，并对我们的工作和学习产生巨大的影响。而且，过度思考容易使人陷入焦虑与不安中。临床心理学家奥德斯基认为："人们常常把过度思考和解决问题混为一谈，但最终发生的是，我们只是在某种程度上进入了一个循环，我们并没有真正解决问题。"

因焦虑而陷入过度思考，那么我们应该怎么做呢？心理学家给出了4个有效的建议。

1.识别并接纳"过度思考"的行为，试着分散注意力

心理学家认为，普通人难免会产生焦虑，并产生过度思考的行为，这是大脑正常的运作机制。与其制止过度思考，不如识别并接纳它，用转移注意力的方法来避免消极思维的蔓延。

比如，早上和爱人吵架了，导致自己一直胡思乱想，无法专注于眼下的工作。这时候不妨去做自己喜欢的事，比如找朋友逛街，或者打游戏，之后再投入工作中。这样会在一定程度上减缓过度思考，让我们更专注于当下。

2. 允许自己有焦虑与担忧的时间

心理学家认为，一味地回避自己的情绪，很可能会加剧负面情绪，建议每天给自己20分钟的“思考时间”。在这个时间段，我们可以不压抑自己的焦虑、恐惧、担忧情绪。我们甚至可以大声表达自己的焦虑：

“明天就要考试了，我好担心啊！”

“我应该如何面对他？我真的太焦虑了！”

这样的表达，会释放我们的一部分情绪。至于其他的时间，就提醒自己要停止过度思考。

3. 写下引起焦虑的问题的解决方案

心理学家认为，无意识的过度思考大都是重复性思考，没有价值，与其这样，不如将引起焦虑的问题的解决方案写下来。

比如，总是担心与女友约会的过程中会出错，与其胡思乱想，不如写下约会时的注意事项，比如几点到，穿什么鞋子和衣服，吃完饭后安排哪些活动，甚至见面第一句话说什么，等等。

当我们担心的问题有了解决方案，就会减少我们的担忧，减少过度思考的发生。

4. 专注于当下

心理学家认为，过度思考的人缺乏专注于当下的力量。因为当人们活在当下时，是不大可能去反思昨天、忧虑明天的。因此，我们应该多关注当下发生的事，时间长了，过度思考的现象就能随之减少。

摆脱“非黑即白”思维：多看看生活中的其他可能

依依是个害羞的女孩，她喜欢一个人安静地待着。尽管如此，有一次她依然答应了一位朋友的邀约去参加一个舞会。但是当她抵达舞会现场时，看到陌生的人，依依就开始感到焦虑。没过多久，她感觉自己没法和大家交流，更别提打成一片了。于是她和朋友打了声招呼，便离开了舞会。

悠悠的男朋友背叛了她，她一怒之下便和男朋友分了手。之后她总是有意无意地向朋友们表达自己的观点：“男人没一个好东西，我再也不相信爱情了。”不久之后，她的一位朋友谈恋爱了，悠悠心直口快地说：“男人没一个好东西，我的经历就是最好的例子。”可想而知，对方有多尴尬。

在第一个例子中，舞会让害羞的依依感到紧张，因此她下意识地认为舞会中所有的人都讨厌，而忽略了舞会中也会出现有趣的人或事的可能。在第二个例子中，悠悠被男朋友背叛后，就全盘否定了所有的男人，认为所有的男人都是坏的。

在生活中，你是否也会用“非黑即白”的思维来看待问题？在你的世界中，事情是不是只有对与错、是与否、好与坏之分，再无其他可能？心理学上把这种“非黑即白”的思维模式称为绝对主义。心理学家认为，几乎所有的人都倾向于用“非黑即白”的思维模式来考虑问题，这是为什么呢？美国心理学家苏珊·费斯克和雪莱·泰勒认为，使用这种方式思考问题非常简单，比起复杂事物，它不需要占据人们宝贵的时间和精力。

然而，心理学家也认为，绝对主义思想是一种极不健康的思维方式，为人处世缺乏灵活性，很容易陷入固执与极端的旋涡，如果遇到挫折，就会产生失败感，从而导致焦虑或抑郁情绪的产生。要知道，万事万物的存在都是复杂的，不是用对与错就能形容的，在两种结论之间，还潜藏着多种可能、多个答案。

那么，我们该如何改变这种绝对主义思维呢？下面用例子来说明4种方案。

1.通过已有的问题来思考多种可能性的结论

母亲嫌弃女儿的男朋友没钱没房，吃饭还吧唧嘴，这让女儿很苦恼。如果按照“非黑即白”的思维方式来考虑问题，这个女孩会得出两种结论：分手或不分手。

那么，还有其他结论吗？

结论1：和男朋友一起努力赚钱买房，改掉吧唧嘴的习惯。

结论2：让母亲尽量看到男朋友的优点，改变对男朋友的第一印象。

结论3：和男朋友分手，再找有钱有房、吃饭不吧唧嘴的人。

由此可见，同一问题或理由可以支持多种结论。

2.多反思，检查自己的判断过程

如果对方的意见与我们产生了分歧，不妨多问问自己：促使对方产生这种意见的因素是什么？我该如何处理？

比如，妈妈不满意我的男朋友，该怎样处理？这会促使我们去想解决问题的办法。我们也许会得出这样的结论：不，我不应该分手，我应该改变我妈的想法。

3.学习新技巧，不断更新认知

心理学家认为，学习新东西是改变僵化思维的办法之一，我们应该将目光放在未来，放在我们可能获得的成功上，用新观点、新技巧不断更新我们的认知。

4.与思维灵活的人交朋友

多观察身边那些适应性很好的人，他们思考问题的方式是不是比较简单？他们面对焦虑或压力时，是不是难以释怀？他们是不是固执己见，非黑即白？通过仔细观察与对比，进而改变自己。

提升“内在动力”：屏蔽外界的批评和期待

《被嫌弃的松子的一生》是一部日本影片，豆瓣评分一直很高。

在这部影片里，主人公松子度过了悲惨的一生。在她幼年时，体弱多病的妹妹得到了全家人的关爱。因为感到自己被忽视，松子去马戏团学做鬼脸，终于引得父亲开心一笑。从那时起，她内心便产生了这样的认知：通过讨好和付出，才能得到关注。从那以后，她不自觉地养成了做鬼脸的习惯，紧张的时候也会做鬼脸。

然而，父亲似乎并不爱她，至少她不能从父亲那里体会到爱和认可。成长的伤痕没有被修复，反而一直在恶化，唯一不变的是她的认知——唯有牺牲自我，才能获得关爱。

于是，她如飞蛾扑火一般投入一段又一段感情，却一次又一次被伤害。她始终无法认同自己，一生都在努力获得他人的肯定。最终她惨死于一群中学生的棍棒之下，结束了她悲惨的一生。

松子的一生令人感叹，这带给我们的反思是，生活在他人的评价中，终将迷失自我。

我们为什么会如此在意别人的评价呢？心理学家认为，那是因为我们的内心缺乏强大的动力，也没有学习过如何建立内在的自我评价，因此需要依靠外界的肯定、支持才有持续做事的动力。影片中的松子就是一个缺乏内在驱动力的人，甚至是一个缺乏精神内核的人，因此她一味地讨好别人，迎合他人，外界完全掌控了她，这也是对自己最大的背叛。

那么，你在生活中是一个过分在意外界评价的人吗？

你是否总是在发完朋友圈后频繁地查看点赞数与评论量？

你是否会因为别人的一句夸奖而高兴得手舞足蹈？

你是否会因为别人一句无意的话而茶饭不思？

你是否时时刻刻都想知道别人的想法？

别人的一个眼神是不是能击溃你？

心理学家认为，上述行为都是“内在动力”不足的体现，别人的看法固然重要，但不是必要的。尤其当外界的看法已经影响到我们自身的情绪，引发焦虑的时候，我们更应该学会屏蔽外界的评价与期待。

那么，我们该如何提升“内在动力”，从而摆脱外界的掌控，活出自己的生命价值呢？心理学家认为，我们可以尝试从以下3点做起。

1.学会向内看，察觉自己，感受自己

心理学家认为，建立个人边界，首先要学会将向外的目光收回来，让生命的重心回归到自己身上。

当他人的评价引起我们的不适时，焦虑、紧张、抑郁、

悲观等负面情绪就会出现。如果我们一味地压抑这些情绪，对我们毫无益处，而且重心仍然停留在他人身上。这个时候可用正念呼吸疗法，在一呼一吸间关注、察觉自己的情绪，感受情绪流动，由此将重心回归到自己身上。

2.思考是什么阻碍了你的行动，选择合适的行为

思考在人际关系中，是什么阻碍了你的行动，可以列出清单，把自己的感受写下来，然后用平和的语气写下能表明你个人立场的话。

比如，“我不想每天和他煲电话粥，这让我感觉不自由，但是如果我拒绝，我怕他会生气，然后和我分手”。看，因为害怕对方生气而勉强自己接受煲电话粥的行为，就会对我们的内心造成负面影响。如果你煲电话粥是出于自愿，因为你爱他，没有一点迁就思维，这么做就没有问题。

在人际关系中，有一个简单的测试方法可以判断你的付出是否出于自愿，你问问自己：“如果我不这样做，关系会变成什么样？”如果你发现自己害怕这种改变，就是一个糟糕的信号。

3.建立内在对自己的评价

心理学家认为，别人的评价不一定是对的，它不是在

我们的立场上建立的，因此要学会甄别评价，区别对待，不要被一些毫无建设意义的评价束缚住自己。

当然，最重要的是建立内在对自己的评价，多发现自己身上的优点，欣赏自己；多问问自己想拥有哪些品质，并为之努力；多问问自己不喜欢身上哪些特质，并努力改正。

总之，成为自己喜欢的样子就很好。

反向心理调节法：从积极的角度认识事物

丽丽有一个谈了3年的男朋友，名叫伟峰。伟峰高大帅气，极受女生欢迎，这让丽丽内心非常没有安全感。

有一次，她无意间看到伟峰和一个女生暧昧的聊天记录。于是她暗中观察并顺藤摸瓜，发现伟峰背着她和另外一个女生在交往。

丽丽下定决心离开伟峰，但是无法从这段感情的泥沼中脱身。她觉得自己以后很难收获幸福，也觉得自己缺乏魅力，不然为什么伟峰会背叛她？这些想法将她包围得密不透风，挫败感让她每天焦虑、悲观。好友敏敏看不下去了，说道：“丽丽，失恋固然令人难过，但是伟峰那样的人有什么值得留恋的呢？你不如反过来想，他品行如此差，远离他对你来说是好事，你不用再被他欺骗了。”这番话让丽丽瞬间清醒了过来。

案例中，好友敏敏从相反的方向开导丽丽，使丽丽的心理和情绪发生了良性改变，缓解了她的焦虑、悲观。心理学上把这种遇到困难或问题时，从不利中挖掘寻找积极因素，从而战胜消极情绪的现象称为反向心理调节法。

心理学家认为，反向心理调节法适用于处在逆境中的人，是消除焦虑、抑郁等负面情绪的有效方法。它是一种认知高度的再构建，个体需要充分发挥想象力与多角度的思考能力，从不幸中寻找积极因素，便能从“山穷水尽”转为“柳暗花明”。

俄国作家契诃夫曾说：“要是火柴在你口袋里燃烧起来，那么你应该高兴，而且感谢上苍，多亏你的口袋不是火药库。要是你的手指扎了一根刺，那么你应该高兴，挺好，多亏这根刺不是扎在眼睛里。”这就是反向心理调节的作用，它能让我们从困境中崛起，从逆境中解脱。

那么，我们应该如何培养反向思维呢？可以从以下3个方面做起。

1. 学会挖掘长处

总是陷入负面情绪的人往往会无限放大自己的短处、缺点，久而久之，他们似乎忘了自己身上的闪光点。因此当感到焦虑时，不妨多想想自己的优点，多想想自己阳光、积极的一面，这称为正能量强迫思维。久而久之，我们就能改掉凡事往消极面想的坏毛病了。

2. 学会换位思考

每个人的立场都不一样，当我们和他人产生矛盾、摩擦而感到焦虑时，不妨学着换位思考，从对方的角度出发考虑问题，我们会惊奇地发现，争执毫无用处，对方的意见自有其道理，而矛盾、摩擦都是庸人自扰，因为沟通最大的敌人是我们自己，不是别人。

总之，换位思考，能让我们学会求同存异，并拥有切换不同观点的能力，最重要的是，它能避免不必要的焦虑。

3. 学会转移认知对象

心理学家认为，当因为困难而感到焦虑时，大多数人都会把注意力放在事情本身，并被动地做出反应。正所谓“树挪死，人挪活”，我们本可以主动改变、主动选择，换个角度，思路一变天地宽。

纠正负面倾向：克服你的“灾难性思维”

陈女士是一家公司的商务专员，工作认真，领导对她格外看重。最近，商务经理离职了，领导提拔她当了商务经理，于是陈女士开始独立接手项目。问题就从这里开始了，也许是害怕辜负领导的期望，或者是不自信，陈女士总担心自己做不好，面对工作格外紧张。她新上任后接手的两个策划案执行情况都不理想，导致她越来越怀疑自己，觉得自己的能力与岗位不匹配，这让她感到痛苦、焦虑，每天寝食难安。

其实领导并没有责怪她，还鼓励她，让她不要紧张，慢慢适应。但是陈女士越发焦虑了，每天凌晨四五点就醒了，满脑子想的都是“方案搞砸了怎么办？”“公司因为我倒闭了怎么办？”“要是失业了，我是不是要回老家生活？”，她身体上也出现了不适症状，常常感觉心跳加快、肌肉紧张，有时候甚至感觉呼吸困难。她去过医院，医生的诊断结果是焦虑症，导致焦虑症的原因是“灾难性思维”。

“灾难性思维”，即总担心未来有坏事要发生，灾难即将降临，不怕一万，就怕万一的思维。它具有如下3种特征。

（1）严重高估事情往坏方向发展的概率。

（2）在脑海中频繁地营造各种坏结果和灾难的情境，陷入其中无法自拔。

（3）性格敏感多疑，一点风吹草动都会让他们焦虑、警惕。

心理学家认为，“灾难性思维”是一种极其负面、消极的思维。很多时候个体脑海中营造的危险场景是没有任何事实基础的情境，其发生的概率很低，甚至根本不存在，但个体无法控制自己的大脑，持续的“灾难性思维”会让人长久地陷在焦虑中，影响生活和健康。

那么我们如何才能摆脱“灾难性思维”呢？心理学家建议可以从以下3点做起。

1.识别并质疑灾难性思维

比如，睡前我们看了一条新闻，熬夜失眠会增加患某种病的风险，然后晚上我们无论如何也无法入睡。于是我们开始放纵自己的想象，甚至想到自己患某种病死去的场景，以致之后每次睡觉都倍感压力。

那么，我们可以问自己，“熬夜失眠会增加患某种病的风险”这一结论是基于怎样的数据结果得出的呢？有权威性吗？总之，当我们识别到“灾难性思维”来临时，要勇敢质疑其正确性，并评估所担心事情发生的概率，实现自我说服。

一般来说，当“灾难性思维”找上门时，我们可以通过如下5个问题来进行质疑和反驳：

（1）支持这个想法的证据是什么？反对这个想法的证据是什么？

（2）有没有其他解释和看法？

（3）最坏的结果是什么？如果发生了，自己该怎样应对？最好的结果是什么？最现实的结果是什么？

（4）如果我相信自动思维，会对自己产生什么影响？如果我改变想法，会有什么影响？

（5）如果我的朋友和家人遇到这种情况，我会对他们说什么呢？

心理学家认为，通过分析上述问题，我们会发现，根本就没有证据能证明“灾难”会发生，这都是缺乏事实基础的想象。

2.构建积极信念清单

我们可以在电脑或笔记本上把自己的积极信念写下来，比如“我正在变得更好”“我的家人都在支持我”“我感觉自己越来越健康”……然后去生活中寻找证据，并把找到的证据也记录在电脑或笔记本上，每天看一看，这样做的目的是引导我们去关注事情积极的一面，从而平衡消极的看法。

3.用行动来打消自己的疑虑

比如，总是担心自己得了某种病，疑神疑鬼的，与其这样，不如立刻行动起来，去医院做相关检查，从而打消自己的疑虑。然后每天吃好睡好，爱惜身体，增强对自己身体的信心。

比如，担心某些灾难化场景会成真，这个时候我们可以运用正念疗法、森田疗法或渐进式肌肉放松法等来放松自己，把注意力转移到自己身上，关注当下。

比如，总担心自己的未来会很失败，不妨专注于把身边的小事情做好，并寻找自己的爱好兴趣，主动去感受生活中的乐趣，逐渐培养积极、正面的情绪、思维。

底线思维：做最坏的打算，尽最大的努力

在《权力的游戏》中，史塔克家族的族语是“凛冬将至”。在这个家族看来，任何事情都要做好最坏的打算，未雨绸缪，储备资源，守护北境。

心理学上把凡事做最坏的打算、尽最大的努力的思维称作底线思维。底线思维体现的原则是，当一件事情已经坏到底的时候，只会有两种可能：第一，不可能更坏了；第二，物极必反。这样，逻辑结论就应当是“没有更糟，只有更好”。我们接受了最坏的可能性，才能摆脱因潜在损失而造成的焦虑，从而更专注于思考解决问题的办法。

底线思维可以运用在生活中的方方面面。我们常常听人说“大不了那样”“最坏也就这样”，这些也是人们直面挫折与困难的态度，是底线思维在生活与工作中的应用。而“凡事预则立，不预则废”可以看作古人对底线思维高度凝练的概括。但要注意的是，底线思维不同于灾难性思维，也有别于“破罐子破摔”的思维。底线思维着眼于负面效果，但又强调建立防范体系，做好积极转化的准备，所以底线思维是一种积极的思维方式。

儿子每次考试都考得不理想，夫妻俩互相埋怨，还指责儿子不聪明，结果儿子的成绩越来越差。

有一次，儿子居然考了班上最后一名，父亲一看成绩气得青筋暴起，想揍儿子一顿，但他克制住了，心想：已经这样了，不妨换一种方式对他吧。

于是，他笑着对儿子说：“太好了，这也是第一名啊。”儿子惊恐地望着父亲，父亲继续解释道：“你想想，你都是最后一名了，再也不用担心别人会超过你了。你只要努力，就能超越别人了。”

儿子一听，很有道理，心里放松了许多。下一次考试，儿子的成绩跃居班级中游，父亲很高兴，继续用之前的方法鼓励他：“太棒了，你还能超越一半的人！”

后来，儿子的成绩变得越来越优秀。

这就是底线思维，当我们遇到最糟糕的状况时，可能就放下了心里的包袱，反而不焦虑了，有了接受快乐的底气，也有了积极的心态面对挑战。

一般来说，底线思维的运用方法非常简单，只有3步：

（1）先冷静下来，仔细分析问题，问问自己，事情失败后最糟糕的情况是什么？

（2）对最糟糕的情况进行认真思索，想象最坏的情况已经发生，让自己慢慢接受这个结果。

（3）开始思考解决的方法，投入时间和精力，努力去改善现实。

最后，提醒大家，要根据实际情况设置自己处境的最低点，立足“没有更糟，只有更好”的心态，拼尽全力去应对一切困难，从根源上消除焦虑。

小测试：你有多在意别人的看法？

每当有人开始评论你的时候，你是否会心头一紧？你是否能够秉持着专业的素养和负责的态度去处理一些负面的评价，或者只是忍着不和对方大吵一架？如果你想纠正不良习惯，提升自己的素养，那么能够接受并有效地实践建设性的批评的能力，对你来说是必不可少的。了解自己对他人批评的敏感性能够帮助你更好地了解自己，并发挥自身的潜力。本测试只是为你认识自己提供一个角度，仅供参考，不具有诊断意义。（十分符合3分，符合2分，不符合1分，十分不符合0分）

1.当有人指出我的错误时，我感觉他们是在故意让我丢脸。

A.十分符合　B.符合　C.不符合　D.十分不符合

2.当有人给我否定的反馈时，我马上就会试着找出例子证明是对方错了。

A.十分符合　B.符合　C.不符合　D.十分不符合

3.面对失败时我不会保持积极的心态。

A.十分符合　B.符合　C.不符合　D.十分不符合

4. 当我不能马上顺利地完成某件事时我会很气馁。

A. 十分符合　B. 符合　C. 不符合　D. 十分不符合

5. 当我不同意别人的观点时，我会提高自己的音调。

A. 十分符合　B. 符合　C. 不符合　D. 十分不符合

6. 如果我有什么事情做错了，我很难去承认错误。

A. 十分符合　B. 符合　C. 不符合　D. 十分不符合

7. 当有人批评我时，我会想我是不是真的很无能。

A. 十分符合　B. 符合　C. 不符合　D. 十分不符合

8. 我拒绝接受否定的、负面的反馈。

A. 十分符合　B. 符合　C. 不符合　D. 十分不符合

9. 当有人对我的工作作出了负面评价时，我会变得不再那么有干劲，并且不会继续那么努力工作了。

A. 十分符合　B. 符合　C. 不符合　D. 十分不符合

10. 我不喜欢别人告诉我该怎么做。

A. 十分符合　B. 符合　C. 不符合　D. 十分不符合

11. 当有人对我说我没有做到最好时我感到很气馁。

A. 十分符合　B. 符合　C. 不符合　D. 十分不符合

12. 当有人说一项我已经完成的工作是不合格的时候，我会忍不住找对方去理论。

A. 十分符合　B. 符合　C. 不符合　D. 十分不符合

13. 当有人反对我的主意时，我就感觉像是被羞辱了。

A. 十分符合　B. 符合　C. 不符合　D. 十分不符合

14. 当我失败的时候我真的会很难过，并且想要尽一切努力去做得更好。

A. 十分符合　B. 符合　C. 不符合　D. 十分不符合

15. 如果我让别人失望了，我会感到深深的羞愧，即使对方已经原谅了我。

A. 十分符合　B. 符合　C. 不符合　D. 十分不符合

16. 当有人认为我可以做得更好时，我会感谢他的建议。

A. 十分符合　B. 符合　C. 不符合　D. 十分不符合

17. 当有人提供了如何让我提高的建议时，我会表示感谢，但不会真的付诸实践。

A. 十分符合　B. 符合　C. 不符合　D. 十分不符合

18. 如果有一个资历比我浅的人批评了我的工作，我会感觉自己被冒犯了。

A. 十分符合　B. 符合　C. 不符合　D. 十分不符合

19. 当我被批评的时候我会觉得紧张或受伤。

A. 十分符合　B. 符合　C. 不符合　D. 十分不符合

20. 当我和别人的观点不一致时，我会变得有斗争心。

A. 十分符合　B. 符合　C. 不符合　D. 十分不符合

测试结果

【0—20分】

批评敏感性：较低。

根据你的得分，你有较低的批评敏感性，这不是指你不会注意到他人对你的批评，而是指即使有人指出了你的错误，或者认为你还有需要改善的地方，你也不太可能采纳对方的意见，而是坚持自己是正确的，或者认为自己已经做到了最好。批评敏感性较低的人通常有较高的自信，他们毫不怀疑自己的能力，因此每当遇到负面的评价时，他们通常会采取强硬而积极的态度来验证自己的正确和对方的错误。因此，他们很难从批评中获得改善的机会。

【21—40分】

批评敏感性：中等。

根据你的得分，你有一定的批评敏感性。这是指你在一定程度上认识到他人批评的正确性，自身的确存在一些疏漏和错误，并且通常能够予以改正和完善。但有时候，你也会坚持自己的观念，认为自己是正确的，并积极寻找证据和例子来支持自己，反驳对方的批评。你对自己的能力有一定的自信，但可能只是在某些领域里，而在其他方面，你能够坦然地接受来自他人的负面评价，从这些批评中获得进一步提升自己能力的机会。

【41—60分】

批评敏感性：较高。

根据你的得分，你有较高的批评敏感性。这是指你通常会倾向于赞同他人的批评，认为自己身上的确存在不足和需要改进之处，并且往往会主动改变自己以消除他人对你的批评。当有人批评你的时候，你很难坚持自己的正确性，通常会第一时间认为自己是错误的，并且会根据别人的批评来找到证据验证你的确存在错误或者做得不够好。你对自己的能力常常抱有疑惑，因此当你接收到负面评价的时候，会马上着手进行改变，而不是坚持自己的正确性。

第七章

调节情绪，在焦虑控制你之前“先发制人”

羞耻—攻击练习：治愈自我羞耻的创伤

在你成长的过程中，你还记得你是从什么时候开始有“羞耻感”的吗？

当父母第一次骂你“笨蛋”的时候？

当你在大庭广众之下摔跤的时候？

当你看到别人都穿了漂亮的篮球鞋，而你还穿着普通布鞋的时候？

……

每个人的生命中都或多或少有过这样的体验，这对于我们意味着什么呢？这些体验又带给我们怎样的感觉呢？我想它们带给我们的核心感受就是羞耻感。

那么，什么是“羞耻感”？它是一种令人痛苦的信念，综合了一系列的生理反应（比如低头看着地面或者脸红）、可预测的行为（比如对别人隐瞒或者退避）、不舒服的想法（比如“我的人生就是一场失败”）以及精神绝望等。羞耻感是一种感觉，但又不仅仅是一种感觉。

心理学家认为，羞耻感本身会给我们带来一些正向的东西，比如约束人们的行为，从而更好地适应社会。但是另一方面，羞耻感又是过去、现在和未来焦虑的主要根源，它会触发个人痛苦的想法和情绪。我们会本能地做出比如回避、讨好、恼羞成怒、指责等反应来抵御这种糟糕的体验，而这些反应又会把人带入一个极端，越压制这些反应，羞耻感越强烈，最终引发焦虑、抑郁。总之，若不能正确地对待羞耻感，它就会让我们无法好好爱自己，并影响身边的人际关系，无形中为自己构造了一个不幸福的环境。

那么，如何才能缓解我们的羞耻感呢？

1. 羞耻—攻击练习

美国心理学家埃利斯在他的作品《控制焦虑》中介绍了一种消除羞耻感的方法——羞耻—攻击练习，即特意选择一些你平常认为羞耻的、别人觉得可笑的事情在公共场合去做，比如两只脚穿颜色不同的袜子，在大街上大声唱歌，等等。

在即将行动前，你想到要在众目睽睽之下做那些事情，会觉得非常焦虑、不自在，会感到羞愧、丢脸。而一旦付诸实践，你会发现羞耻感不像我们想象的那样强烈，别人不像我们想象的那样关注我们，甚至很多人没有发现我们的“丢脸”行为。我们觉得从前困扰我们的事情“不过如此”，这能大大提高我们对羞耻感的“免疫力”，也能缓解我们的焦虑感。

2. 记录让我们感到羞耻的事，接纳自己

列出那些深埋在心里的让我们感到羞耻、不想让人知道的事。以下是一位女性列的清单。

> 我不想让你知道：我的真实年龄要比身份证上的大3岁；我的体重高达130斤；我在家中没有经济权；我讨厌老公在人多处吼我；我害怕别人知道我又失业了；为了减肥，我经常自我催吐……

现在开始反转，将上面的内容再读一遍，但是要把开头变成“我想让你知道”。

> 我想让你知道：我的真实年龄要比身份证上的大3岁；我的体重高达130斤；我在家中没有经济权；我讨厌老公在人多处吼我；我害怕别人知道我又失业了；为了减肥，我经常自我催吐……

最初做这种训练时，我们不需要把这些读给他人听，我

们只需要自己体验这种反转，体验两种不同的感觉。如果有可能，你也可以读给他人听，即读给你最想与之分享秘密的人听。

心理学家认为，人们总是欣赏那些真实的人，因为他们以开放的心态经历了巨大的挑战，学习他们身上的品质，我们也想做真实的自己。如果我们隐藏，那么我们无法得到自由。如果我们不再逃避，如果我们没有秘密，我们也就没有害怕被发现的焦虑和恐惧。

因此，接纳自己吧，人无完人，承认自己的羞耻感，接纳自己的缺点。但我就是我，没有任何人能代替我。除了做自己，我别无选择。

3.学会自我鼓励

心理学家认为，羞耻感会让我们丧失行动力，因为心怀恐惧，所以不敢贸然行动，即使一个小小的想法，我们也会觉得实现起来如此困难。

有一个女孩，她今年25岁了，内心深处有一个愿望——希望能在生日那天得到父母的祝福。在25年的岁月里，她从未得到过父母的生日祝福，尽管她知道父母是爱自己的，会给她做好吃的饭菜庆祝生日，但父母又是含蓄的，从来没有当面表达过对她的祝福。这个愿望潜藏于她的内心，有隐隐的羞耻感，又有隐隐的期盼。

经过再三考虑，她红着脸在父母面前说出了自己的请求。她以为父母会笑她幼稚，或者直接不理她，出乎意料的是，父母欣然同意了她的请求，她诧异又感动，原来这一步竟如此简单，她的内心充满了力量与感恩。

所以，要做到自我鼓励，并且转化为行动的动力，相信自己可以把内心的羞耻感说出来。藏在心中它是我们的软肋，说出来它就可能成为我们的盔甲。

描述体验：重新“经历”那些不堪回首的回忆

没有一个人敢保证自己的一生会平安顺遂，我们也许会遭遇各种不幸：地震、洪灾、重病、虐待、家暴、车祸等等。而当我们从灾难中幸存下来后，你会很快从伤痛中走出来，还是无法回忆？

心理学家经调查发现，大多数人在经受极端的痛苦后很难再揭开伤口去提及当时发生的一切，他们会选择遗忘，让时间来平复一切。然而事与愿违，相关心理学家通过与一些受过创伤的人相处发现，他们无法接受现实，但总是被记忆的碎片击中，这使得他们的状态更加糟糕。

那么，如何才能从伤痛中走出来呢？心理学家威廉·詹姆斯认为，鼓励个体说出痛苦的经历，是治愈创伤的有效方法。这种方法听起来很残酷，短期内还会增加患者的痛苦，但是一段时间后，病人的精神状况会得到恢复。他把这种方法称为“描述体验法”，即引导患者回到当时的情境，并用现在的时态描述当时的场景，强迫患者接受不幸的经历。

小乔的男朋友为了救她，死于一群歹徒之手。事情已经过去5年，但是小乔迟迟没有从噩梦中清醒过来，她觉得那不是事实，男朋友肯定还活着，她逃避一切，经常把自己关在屋子里。

家人为她操碎了心，决定求助心理医生。心理医生用了各种方法，终于使得小乔同意用“描述体验法”讲出当时的经过。

心理医生让小乔接受男朋友已死的事实。小乔一开始很平静，下一刻却疯了般砸东西。她不断地咒骂，骂医生是个骗子。她涕泪横流，最终她感觉累了，瘫坐在地上。沉默了一会儿，她的情绪平稳了很多，开始讲述当时的经历。小乔一边说，一边哭，似乎陷入了很深的痛苦之中。很久以后，她终于停止哭泣，看上去平静了很多。

心理学家认为，重新描述创伤经历的确是痛苦的，会让人产生强烈的刺激与不适感。但如果不讲出来，那些记忆碎片会在我们无法预知的时刻闪现，让我们绝望、恐惧，这种反应很可能跟随我们一辈子。相反，讲述出来后，那些记忆可能不会再纠缠我们，回忆也不会一直无法愈合。而且，心理学家认为，讲述创伤经历是一件极需勇气的事，这种勇气会让我们感到自己在变得强大，从而让我们的内心获得能量。我们终将摆脱记忆的桎梏获得自由，重燃对生活的希望。

不过，选择倾诉时要注意如下事项。

（1）并不是每个人都能成为我们倾诉的对象。有些人无法感同身受，他们很可能会对我们的经历进行批评、指责；有些人缺乏同理心与耐心，也许不耐烦听我们的经历。所以要谨慎选择倾诉对象，必要的时候可以求助专业人士。

（2）倾诉的时机由我们自己决定。当我们决定将经历变成语言或文字时，我们肯定需要进行一定的心理准备。如果觉得自己没有做好准备，那么就慢慢来。切记，只有你自己有权决定什么时间、什么地点、用什么方式来讲述你的经历。

倾诉有方：过度倾诉只会适得其反

在生活中，我们遇到高兴的事情就想与亲密的人分享。同理，遇到伤心难过的事情，我们也有向信任的人一吐为快的欲望。心理学上把这种将内心的想法与感受说出来的行为称作倾诉。

的确，倾诉是一种有效的情绪调节手段，不仅可以将焦虑、紧张等负面情绪发泄出来，还能让我们感受到来自他人的理解、关爱与支持。正如哲学家培根所说："如果你把快乐告诉一个朋友，你将得到两个快乐，而如果你把忧愁向一个朋友倾诉，你将被分掉一半忧愁。"这就是倾诉的作用。然而，心理学家经研究发现，过度倾诉不意味着能解决问题，它不仅不会起到缓解焦虑的作用，还很可能会加重焦虑。

研究者曾做过一项调查，与其他人相比，那些花费更多时间向朋友倾诉的女孩，更容易陷入沮丧和焦虑中。

高小林最近和母亲闹别扭。母亲想把家里唯一的房子过户给小林的弟弟。小林很生气，觉得自己也有权得到一半的房产，凭什么都给弟弟？

然而，父母并没有征得她的同意，直接把房子过户给了弟弟。小林气坏了，和父母大吵了一架，哭着跑出了家，扬言要和家里断绝关系。

她感觉自己是个没人爱的人，谈的男朋友对她不太关心，现在就连父母也如此偏心。于是她一遍又一遍地向闺密倾诉。闺密很心疼她，但也只能反复安慰她："没事的，我们还能靠自己，靠自己比什么都强。"

小林感觉自己都听得麻木了，于是她开始不停地向同事、邻居抱怨，反复体味她的痛苦。身边的人听得多了，也逐渐显得不耐烦，小林看着镜子里那张憔悴的脸，感到哀怨又难过。难道连朋友都不愿意听她倾诉了？

例子中的小林就陷入了过度倾诉的情绪怪圈，她像祥林嫂一样逢人就倾诉自己的家事，不停诉苦并没有帮助她解决问题，反而使她长时间沉浸在痛苦之中，无形中挤占了积极思维的空间。不仅如此，倾诉对象的选择也很重要。如果倾听者不能给予适时且积极的反馈，那么很可能加重倾诉者的焦虑。

如此看来，倾诉就像一把双刃剑，有的人能通过它摆脱烦恼，有的人通过它反而越发感到焦虑。那么，如何倾诉才有效呢？心理学家建议参考如下4种方法。

1.选择客观、中立的倾诉对象

心理学家认为，倾诉对象的选择非常重要，如果倾诉对象和倾诉者一样敏感、情绪化，那么倾诉的意义就会大打折扣，不良情绪很可能会在双方之间“传染”。最好选择客观、中立的倾诉对象，他们往往能针对问题提供一定的解决思路。总之，一个好的倾诉对象能使我们的焦虑减少一半。

2.把自己当作倾诉对象

不要认为“自己和自己”说话是一种精神错乱的现象。心理学家认为，当我们和自己说话时，内心已经产生一种应激反应，这可以中和我们的不良情绪。就像那些在教堂中面向神父忏悔的人、寺庙中向菩萨祈祷的香客，他们都在自我倾诉中得到了解脱。

3.把焦虑诉诸笔端

焦虑可以用嘴倾诉，也可以用笔倾诉。心理学家认为，人之所以焦虑、烦躁，与大脑中积蓄了太多凌乱的负面信息有关，因为这会导致大脑思维能力不足。当我们把烦恼写在日记本中，或者朋友圈等地方，那些让我们烦恼、焦虑的事就仿佛被挪走了，我们的身心会感到无比放松。

研究结果证实，只需持续6周将烦恼、焦虑诉诸笔端，我们的身心就会变得积极，而且免疫细胞的免疫力也会得到提升。

4.向你的宠物倾诉

有心理学家认为，宠物对人的心理安慰效果有时比人类倾听更好。宠物是人类忠实的朋友，它们不但会对我们的秘密守口如瓶，还会安慰我们。比如，当我们向它们诉说时，它们会舔我们的手安慰我们，会依偎在我们的怀中，和我们相拥。面对它们，我们更能无所顾忌地放声大哭，这是缓解情绪的一种好方法。

森田疗法：不抵抗，不逃避

张东是一名高三学生，他的学习成绩一直不错，在班级第五六名浮动。然而，最近发生了一件事，差点让张东无法顺利地参加高考。

为提高升学率，学校决定筛选每个班级前五名的同学进行辅导。谁知张东没有被选上。张东感到又气愤又失落，他觉得老师一点也不公平。当看到被选出来的五名同学去参加辅导班的时候，他就胸口发堵，异常难受。渐渐地，他对上学这件事感到很排斥。

眼见高考临近，父母看到张东的状态后非常着急。他们安慰他，开导他，张东为了不让父母担心，依然准时上学、放学。但是不知什么原因，他在学校经常感到胃部一阵阵恶心，而且经常拉肚子，症状越来越严重，以致到最后根本无法正常上学，只能在家自习复习。

奇怪的是，在家复习后，他的那些症状居然消失了。他自己感到很苦恼，父母也感到无奈。

后来父母咨询了心理咨询师，才明白张东由于焦虑，在受到外界刺激后，身体出现了呕吐、腹泻等应激症状。如果不及时加以干预，焦虑情绪一定会影响高考。

心理咨询师建议张东使用“森田疗法”来治愈焦虑。森田疗法是由日本的森田正马教授创立的。森田疗法其实是一种思想上的训练，其治疗原则是“顺其自然，为所当为”。

“顺其自然”的真谛是接纳，既然事情已经发生，又何必为了此事再纠结呢？因此接纳是变好的开始，接纳是康复的第一步。就拿案例中的张东来说，他首先需要接受自己的情绪，让其自然发展，然后带着自己的情绪去做手头的事，这样才不会陷入更焦虑的旋涡。

但是顺其自然，不是任其自然。明知自己的行为是错的、不明智的，依然不加控制，任其发展，这样只会强化症状。这个时候我们应该“为所当为”，即依旧做自己应该做的事，并寻求积极的方法改变自己的情绪。比如案例中的张东，在接受自己的情绪后，变不满为动力，奋起直追，在高考中取得好成绩，让老师刮目相看，这样他心中也能得到一个满意的结果：虽然我没有被老师选中，但是我并不比那些人差，甚至比他们还要优秀。

总之，真正的“顺其自然”是接纳它，承认它，“为所当为”是解决它，让它自然地改变。出现强迫行为后，不要过多地关注它，因为越关注就会越在意，从而导致症状更严重，相反，不关注它，症状可能会减轻。

因此，不少人认为，与其说森田疗法是一种行为疗法，不如说它是一种思想疗法，并认为，焦虑症患者大都明白这个道理，但是做不到“顺其自然”，他们认为森田疗法缺乏具体的落实方案。其实这种理解是非常片面的，森田疗法有具体的实施方式，比如住院式森田疗法、门诊式森田疗法。其中，住院式森田疗法是森田疗法的主要形式，适用于症状较重的患者，需要住院治疗，并分为治疗准备期、绝对卧床期、轻作业期、普通作业期、生活准备期共5个阶段，大致需要40天。

幽默效应：缓解焦虑情绪的有效办法

在生活与社交中，我们都喜欢和幽默的人在一起，因为幽默能给人带来愉悦，让人际关系变得和谐。不仅如此，从心理学角度来说，幽默是一种成熟的心理防御机制，能淡化人的消极情绪，消除焦虑、沮丧和痛苦。

为什么幽默可以调节焦虑等负面情绪呢？心理学家认为，可能是因为幽默改变了个体对情境的认知评价，缓解了事件带给人们的压力，从而对负面情绪起到调节作用。

燕燕骑自行车不小心摔伤了手臂，她急匆匆地跑到医院去拍片子，医生说需要手术治疗。

于是，燕燕去办理了住院手续。恰好，有一个患者刚做完手术，被几个穿着手术服的医生推出来，表情看起来有些痛苦。燕燕顿时害怕了，心想："我是不是也会变成这个样子？我害怕做手术。"内心的恐惧让她焦虑不安，她下意识地搓着自己的手，却痛得哇哇大叫。

这时候，一个高大帅气的主治医生走过来，对燕燕说："把你的手伸出来给我看看吧。"

燕燕以为现在就要做手术，害怕得把手藏在身后。医生笑道："你这是害怕还是害羞呢？"

医生的话把燕燕逗笑了，她感觉自己的情绪好些了，小心翼翼地伸手给医生看："医生，我这样的情况必须做手术吗？不做手术能好吗？"

医生又说道："那可不行，骨折有些严重，不做手术的话会影响愈合。到时候不仅影响功能，还影响美观，找不到男朋友，岂不是要怪我？"

燕燕听完这些话，又笑了，她的焦虑情绪消除了很多。

案例中的医生用幽默、诙谐的话语让焦虑、紧张的燕燕放松了心情。正如心理学家所认为的那样：幽默是一种特殊的情绪表现，是人们适应环境的工具，是人类面临困境时减轻心理压力的方法之一。

而且，研究发现，幽默水平高的个体能够更好地应对压力，并表现出更少的焦虑情绪。那我们通过学习能变得幽默吗？马克·吐温曾经说过："研究幽默就像解剖一只青蛙——也许你能获益良多，但最终得到的只是一具青蛙尸体。"尽管如此，我们依然相信，幽默是可以培养的，不一定源于有趣的灵魂。以下6点小贴士，能帮助我们培养幽默感，排解生活中的负面情绪。

（1）多看一些搞笑的电影、书或小品。

比如多看看周星驰的电影，赵本山、宋丹丹、冯巩等演绎的小品，以及各种搞笑的书，每天笑一笑，乐一乐，当成给自己的奖赏。

（2）回想生活中曾令自己焦虑或尴尬的时刻，练习用幽默的语言表达出来，可以加一些夸张或戏剧的色彩，还可以和身边的朋友分享。如果你不介意适当自嘲，就说明你正在融入幽默的生活方式。

（3）每天利用晚饭时间，和家人分享一件当天发生的有趣的或难堪的事。渐渐地，我们就能很从容地面对生活中那些令人不愉快的事情了。

（4）整理家庭相册，根据留影讲述曾经发生的有趣的事。

（5）在工作或社交场合与人发生摩擦，不要抱有敌意，学会用幽默反击。

（6）给自己每天的工作加上一个任务：寻找幽默。如果做到了，就可以把这个任务删了。

最后，希望你能用幽默的态度，去面对世界，改变心情。

小测试：你的情绪有多稳定？

有的人能力一般，却能够冷静地处理事务，因而取得成功；有的人虽然智力超群，但情绪不稳定，因而改变了其成功的发展方向。情绪的这种重要意义越来越被人所关注。请测评你的情绪稳定程度。不要过多地思考每道题目的细微意义，最好根据自己的第一感受来回答。本测试只是为你认识自己提供一个角度，仅供参考，不具有诊断意义。

1.看到自己最近一次拍摄的照片，你有何想法？

A.觉得不满意　B.觉得很好　C.觉得可以

2.你是否想到若干年后会有什么使自己极为不安的事？

A.经常想到　B.从来没有想到　C.偶尔想到

3.你是否被同学挖苦过？

A.常有的事　B.从来没有　C.偶尔有

4.你上床以后，是否经常再起来一次，看看门窗是否关好，煤气是否关好等？

A.经常如此　B.从不如此　C.偶尔如此

5.你对与你关系最密切的人是否满意?

A.不满意　　B.非常满意　　C.基本满意

6.你在半夜的时候，是否经常觉得有什么让你害怕的事?

A.经常　　B.从来没有　　C.极少有这种情况

7.你是否经常因梦见什么可怕的事而惊醒?

A.经常　　B.没有　　C.极少

8.你是否有过多次做同一个梦的情况?

A.有　　B.没有　　C.不清楚

9.有没有一种食物使你吃后呕吐?

A.有　　B.没有　　C.记不清

10.除看见的世界外，你心里有没有另一个世界?

A.有　　B.没有　　C.不清楚

11.你心里是否时常觉得你不是父母所生的?

A.有　　B.没有　　C.不清楚

12.你是否曾经觉得有一个人爱你或尊重你?

A.有　　B.没有　　C.不清楚

13.你是否常常觉得你的家人对你不好，但是你又知道他们其实对你很好?

A.是　　B.否　　C.偶尔

14.你是否觉得没有人十分了解你?

A.是　　B.否　　C.不清楚

15.你在早晨起床的时候经常感觉到什么？

A.忧郁　　B.快乐　　C.不清楚

16.每到秋天，你经常感觉到什么？

A.秋雨霏霏或枯叶遍地

B.秋高气爽或艳阳高照

C.不清楚

17.你在高处的时候，是否觉得站不稳？

A.是　　B.否　　C.有时是这样

18.你平时是否觉得自己很强健？

A.是　　B.否　　C.不清楚

19.你是否一回家就立刻把房门关上？

A.是　　B.否　　C.不清楚

20.你坐在小房间里把门关上后，是否觉得心里不安？

A.是　　B.否　　C.偶尔

21.当一件事需要你做决定时，你是否觉得很难？

A.是　　B.否　　C.偶尔

22.你是否常常用抛硬币、玩纸牌、抽签之类的游戏来测凶吉？

A.是　　B.否　　C.偶尔

23.你是否常常因碰到东西而跌倒？

A.是　　B.否　　C.偶尔

24.你是否需要用一个多小时才能入睡，或醒得比你希望的早一个小时？

A.经常这样　　B.从不这样　　C.偶尔这样

25.你是否曾看到、听到或感觉到别人觉察不到的东西？

A.经常这样　　B.从不这样　　C.偶尔这样

26.你是否觉得自己有超越常人的能力？

A.是　　B.否　　C.偶尔

27.你是否曾经觉得有人跟着你走而心里不安？

A.是　　B.否　　C.不清楚

28.你是否觉得有人在注意你的言行？

A.是　　B.否　　C.不清楚

29.当你一个人走夜路时，是否觉得周围潜藏着危险？

A.是　　B.否　　C.偶尔

30.你对别人自杀有什么想法？

A.可以理解　　B.不可思议　　C.不清楚

评分标准

以上各题的答案，选A得2分，选B得0分，选C得1分。请统计你的得分，算出总分。得分越少，说明你的情绪越稳定。

测试结果

【0—20分】表明你的情绪很稳定，自信心强。你有一定

的社会活动能力，能照顾别人的心情，顾全大局。你是个性格开朗、受大家欢迎的人。

【21—40分】说明你的情绪基本稳定，但比较深沉，对事情的考虑冷静，处世淡漠，不善于发挥自己的个性。你的自信心受到压抑，办事时的热情时高时低，瞻前顾后，犹豫不决。

【41分以上】说明你的情绪很不稳定，日常烦恼非常多，使自己的心情处于紧张和矛盾之中。如果你的总分在50分以上，则是一种危险信号。

这个测试只是一个参考，具体情况请依照自己的实际情况进行判断，必要时建议可以咨询专业人士。

第八章

简化生活，建立合理的行为程序

掌控“个人边界”：如何保护自身界限不被侵犯？

李阿姨今年50多岁了，她和自己的丈夫已经分居10多年。

有一次，一位朋友问她：“你和你丈夫都这样了，为什么不离婚？”

李阿姨答道：“我不敢离婚，我害怕我的父亲。”

朋友很吃惊：“但你的婚姻如此不幸，你摆脱它，难道你父亲不高兴吗？”

李阿姨说道：“我父亲会觉得很丢人。我害怕他发火。”

朋友更吃惊了：“可你都已经50多岁了。你的事情完全可以由你自己做主啊。你不需要事事服从你的父亲。”

李阿姨喃喃道：“但我就是没有办法不害怕。”

这个案例是不是很令人吃惊？但如果从心理学的角度来分析，就能明白李阿姨是个缺乏个人边界的人。她无法将自己看作一个独立的个体，无法做到尊重自己，满足自己，她的情绪被父亲左右。同时，他的父亲也是缺乏边界感的人，因为他无法意识到女儿作为一个成年人，有权决定自己的事情。

何为“个人边界”？“个人边界是指个人所创造的准则、规定或限度，以此来分辨什么是合理、安全的，别人怎样对待自己是可被允许的，以及当别人越过这些界限时自己该如何应对。”个人边界分为身体边界和心理边界，本节我们主要讲述心理层面的个人边界。

心理层面的个人边界，主要是保护个人的信念、观点和想法不受他人的影响，从而保护个人的自尊和对情绪的控制力。当一个人的边界足够清晰时，他懂得为自己的情绪和行为负责，也能避免情绪被他人控制，继而对自己的生活负责，这样的人是灵活的，又是坚定的。反之，如果一个人的心理边界模糊不清，就很容易因为他人的评价和行为而感到痛苦，他期望别人对其情绪和行为负责。

那么，你是一个心理边界不清晰的人吗？心理学家认为，心理边界不清晰的人通常具有如下表现：

- 为讨好别人而放弃自己的价值观或权利；
- 时常想要拯救你亲近的人，为他们解决人生问题（如为父母吵架而自责）；
- 让别人定义自己；

- 期待别人主动满足自己的要求；
- 拒绝别人时，心情不好或感到愧疚；
- 为了得到别人的关爱而故意崩溃；
- 当被糟糕地对待时忍气吞声；
- 不询问便触碰一个人。

生活中个人边界被侵犯的事情时有发生，比如，父母未经我们许可便擅自闯入我们的房间；工作后回老家，亲戚问我们一个月工资有多少，有没有对象；有人当众喊我们的绰号……我们自小接受的教育就是“以和为贵”，做人不要太计较，因此，为了维护人际关系，我们会不自觉地压抑自己的情绪，甚至讨好他人，殊不知这样就失去了自我的价值感。

那么，我们该如何建立自己的心理边界呢？心理学家认为，健康的心理边界具有清晰性、非攻击性、保护性、无操纵性等特征，我们可以尝试从以下4点做起。

1.试着把自己的感觉放在第一位

也许很多人会认为“把自己的感觉放在第一位”是一句非常自私的话，但心理学家认为这是一句非常有智慧的话。把自己的感觉放在第一位，是希望每个人都能忠于自己，认可自己的价值与重要性。如果每个人都能照顾好自己的情绪，满足自己的需求，为自己承担责任，这个世界上就没有那么多烦恼与纷争了。先做好自己，我们才有可能胜任儿子、女儿、母亲、父亲、领导等角色。

2. 拒绝别人，容许自己说“不”

心理学家认为，很多时候我们不敢拒绝别人，不是因为我们仁慈，而是因为我们害怕看到对方被拒绝后的反应。这个时候要告诉自己，对方是否生气不是我们要负责的，对方需要对自己的情绪负责。我们也没有义务对任何人的情绪负责，我们能做的，就是与人沟通时，用一种彼此都舒服的方式。

3. 不把情绪责任推给他人

与人互动时，感到不舒服不一定是对方的问题，因此不要急着攻击对方，我们可以表达自己的情绪，但不要把自己的情绪责任推给对方。比如情侣吵架，一方可能会说，要不是为了你，我也不会如此痛苦……心理学家认为，这是无法为自己的情绪承担责任的行为，也会给对方造成很大的心理压力，是一种情感绑架。

4. 交换观点，求同存异

心理学家认为，与他人互动时，可以在彼此尊重的基础上进行观点交换。需要注意的是，任何一方都不要试图把自己的想法强加在对方身上，也不要试图改变对方的想法，这些都是边界感缺失的行为。我们在保护自己的边界不受侵犯时，也要注意不侵犯对方的边界。当观点不一致时，求同存异是理智的做法。

最后，希望每个人都能建立健康的个人边界，让自己的人格更独立，从而拥有更好的人际关系。

时间管理：从繁忙的工作中解放出来

尚欣今年刚毕业，在一家杂志社工作。为了给领导一个好印象，尚欣每天早上8点就到公司了，比公司的要求提前了一个小时。她感觉自己挺忙的，一到公司，就擦桌子、倒垃圾、整理书架、处理电话，通常一不留神就到11点了。领导问她昨天的报表是否做好，她暗道一声不好，忘记这回事了。

小李是一家公司的市场策划，用他自己的话说，他每天忙得像个陀螺。早上一到公司，他就打开自己的微信、QQ、钉钉、邮箱，右下角不断有头像在闪烁。随后，又有新闻消息页面弹出来，作为一名策划，他当然要知晓热点了，并且不能错过任何消息。然后他看看邮件、客户留言，再观察一下股票行情，一上午的时间就这样过去了，本职工作还没完成。这不，这个季度的销售额他又没达标，领导给他下了最后通牒。

徐宁是个很有上进心的人，他自己运营了一个公众号，粉丝有10万多人。依靠内容运营，他每个月有一笔不菲的收入。他听说原创内容还可以发给其他自媒体平台，这样可以扩大影响力。他当然不想错失任何机会，于是他跟风入驻了不少平台。另外，为了提升自己的能力，他给自己报了很多运营课，把时间排得很满。然而，一段时间后，他发现自己虽然过得非常忙碌，但原本经营得不错的公众号居然掉粉了，其他平台的粉丝数、阅读量又少得可怜。

你是一个如此“忙碌”的人吗？你是一个贪多求全的人吗？你是一个不分轻重缓急的人吗？你是一个埋头做事，无暇思考的人吗？如果是，你可能陷入了“时间怪圈”。心理学家认为，为了应对巨大的生活压力，现代人过上了快节奏的生活，忙碌成了生活的常态。有的人是真忙，但有的人是

“瞎忙”，他们看似忙忙碌碌，疲于奔命，但实际上陷入了“低级忙碌”的陷阱，到头来发现自己一无所获。不仅如此，他们习惯了高速运转的生活，一旦停下来，焦虑、空虚、恐惧就会侵袭他们的心理，让他们无所适从。

真正的生活应该是张弛有度、快乐充实的，因此，城市的“瞎忙族”应该将自己从繁忙的工作中解脱出来，这对身心也是有益的。为了避免停止忙碌后产生焦虑、空虚的状态，心理学家认为，“瞎忙族”应该学习时间管理，学会从容不迫、井然有序地安排自己的工作和生活。

对此，心理学家提出了如下4点建议。

1.利用二八定律，分配好时间和精力

二八定律适用于各个领域、各个场合。心理学家认为，我们应该用80%的精力来做20%的事情，当然这20%一定是最重要、最有意义的事。

一天有24小时，但是时间的价值是不均等的。研究发现，上午时间的价值是晚上时间的2—4倍，而早上起床后的2—3小时更是大脑的黄金时间。相信大家对此都深有体会，早上大多精力充沛，头脑思维也很活跃，而到了中午和下午的时候，人会感觉比较疲乏，做事效率降低。

因此，我们应该将复杂、重要的工作安排在上午进行，

把一些对专注力要求不高的工作安排在下午进行。你会惊喜地发现，做事效率会变为原来的2—4倍。相反，把那些简单的工作安排在精力充沛的上午去做，是对高价值时间的一种浪费。

2.给自己的工作设置一个期限

心理学家认为，为了提高工作效率，最好给工作设置一个完成期限。限定时间会给我们带来如下3个好处：一是工作初期的专注力会很高；二是截止日期临近会促使我们更加努力，向着目标靠近；三是整个过程中我们都有明确实现目标的动力。

3.不要把时间浪费在不重要的事情上

心理学家认为，决定不做什么和决定做什么一样重要。而且，人的精力、时间都是宝贵的资源，多做一件事情，我们就要多付出一定的机会成本。当你的日程表里装了太多东西，哪怕告诫自己重要的工作优先，内心依然会受那些次要事项的干扰。因此，你要把不重要的事情抛开，这是比“要事优先”更进一步的行动策略，因为要事后面通常还有很多次要的事。

你可以给事情的轻重缓急排序，然后直接删掉排在序号

“3”后面的所有事情。要知道，贪多求全，想要兼顾多个目标，会导致自己处处发力，无法聚焦于重要的事，自然也就无法获得突破。

4.提前做好计划

有很多人工作是没有计划的，来什么事情就做什么事情。这样的工作思维是被动的，而且事情一旦多起来，就会难以把控时间，弄得焦头烂额。

所以，我们需要给自己的工作做一个计划。每晚睡觉前，要把第二天，甚至未来一段时间的工作罗列好，然后专注地完成计划，清空待办清单，这样我们可以提高自己的专注力，从而提升效率。

坚持运用以上4个管理时间的技巧，能在一定程度上提升我们的工作效率，还能帮助我们从繁忙的工作中解脱出来，获取更多的时间来享受生活。

赶走“睡眠焦虑”：先睡心，后睡眠

我们都知道，人生有三分之一的时间是在床上度过的。一个人的睡眠状况对健康、工作、生活起着重要的作用。然而，随着社会的高速发展，人们都面临着各种压力，每个人的大脑与身体就像绷紧的弦，越来越多的人出现了紧张焦虑、夜不能寐的情况。

乐怡最近总睡不好，于是她向自己的闺密欣欣求助。欣欣是一名营养师，处理失眠这种常见的问题，可谓得心应手。于是她不假思索地告诉乐怡："睡前别玩手机，泡脚再睡，睡前可以喝杯热牛奶……对了，记得调好闹钟，可别睡过头了。"

过了不到一周，乐怡的微信头像又闪了起来，她哭诉道："欣欣，没用，我每天早早上床，又是泡脚，又是喝热牛奶，可我现在还是睡不着，我都焦虑了，怎么办？我的脸色越来越差了！"

欣欣听完乐怡的吐槽后，突然意识到一个问题，乐怡为什么会失眠，很有可能是她太着急睡觉了。她的身体很疲惫，但心却没静下来。

吴凡失眠有8个月了，断断续续吃了一些药，有时候状态还不错，睡眠尚佳，但是过几天又会出现入睡困难的状态，严重时要到凌晨三四点才能睡着，第二天早上头昏脑涨，甭提有多焦虑、多痛苦了。

其间他还试过冥想、瑜伽、看书、食疗、运动等各种方法，但是都没用。明明很累了，但是躺在床上大脑就是静不下来，脑袋里就像拉着一张弓，心里越急切想睡着就越睡不着，他变得越来越焦虑，越来越敏感，睡觉时一丁点声音、一丁点光线都不能有。他才25岁，但头发却以肉眼可见的速度在减少。

迫于无奈，吴凡只能求助于心理医生。心理医生告诉他，失眠的原因在于“心”无法入睡。

失眠是因为“心”在闹腾，“心”无法入睡。作何解释呢？导致失眠的原因有很多，如疾病、环境、压力、药物、心情等，但在这些因素中，心理障碍是最主要的，这两个案例都是心理原因导致的失眠。随着生活节奏的加快，人们的心里装了太多烦心事、太多杂念，大脑无法好好休息。尽管身体很疲惫，但是大脑很喧嚣，这种情况又怎么睡得安稳呢？而且偶尔一两次失眠是正常的，但不少人为此忧心忡忡，很害怕失眠会影响自己的工作与生活，于是产生了过重的心理负担，结果适得其反，常常失眠。这些都是“心”在作祟。因此，摆脱“睡眠焦虑”，要先睡心，后睡眠。

“先睡心，后睡眠”是我国自古以来就推崇的睡眠养生方法。唐代孙思邈在《千金要方》中提出：“凡眠，先卧心，后卧眼。”近代《延寿药言》中也说：“神志安宁，入睡必易。”由此可见，想要入睡，就要先摒除一切喜怒哀思、情绪杂念，放松精神，让心平静下来，身体也就入睡了。

那么，如何才能做到“先睡心，后睡眠”呢？以下3个方法可以借鉴。

1.“操纵”二法

何为“操”，简单来说就是操纵自己的意念，集中精力，默数呼吸，将所有的念头都集中在一个点上，这样就不会胡思乱想了，比如数绵羊、数呼吸，主要是一心一念。

何为“纵”，就是任由自己的思绪漫无边际地游离，不被空间与时间所束缚，渐渐地进入一种蒙眬的状态，也就睡着了。这种方法一般适用于爱胡思乱想的人。

总之，要么制约信念，要么放任信念，让思绪和情绪游离于意识之外，才是休息真正的开始。在心理学家看来，操纵二法是一种由动入静、诱导大脑皮层由兴奋转向抑制的方法。

2.不拘泥于睡觉的时间

有的人会因为到点睡不着、一天睡不够8小时而背上严重的思想包袱，觉得自己失眠了，因此非常焦虑。心理学家觉得大可不必如此，睡眠是给人体“加油”的一种方式，个体是存在差异的，有的人睡得少但精神状态好，有的人睡得多但精神状态差，因此，不能仅仅以睡眠时间来衡量睡眠质量，只要第二天起来精力充沛就不用担心失眠。而且偶尔失眠也是正常现象，不必有思想负担。

3.给自己提供优质的睡眠环境

心理学家认为，想要拥有优质的睡眠，要尽量给自己提供优质的睡眠环境。

比如，卧室要光线柔和、温度适中、安静优雅，床垫软硬适中，床被干净，枕头舒适……当然，睡前尽量不要玩手机，因为手机屏幕亮度和网络内容都会刺激大脑，使大脑处于兴奋状态，因此，最好在上床前半小时就停止玩手机。

音乐疗法：优美的旋律是治疗焦虑的良药

林涵是一所艺术院校的音乐老师，她擅长多种乐器，如钢琴、笛子、小提琴等。爱音乐的人大多浪漫，林涵也不例外。

每天黄昏，她都会带着笛子来到海边，坐在海边的礁石上，开始吹笛子。在海风的吹拂下，悠扬的笛声伴随着阵阵海浪飘荡起伏，令听者心旷神怡。

林涵没有注意到，这几天一直有一个年轻的姑娘“陪”着她。当她吹笛的时候，姑娘手托着腮，思绪沉浸在笛声里。

一曲终了，林涵把笛子放进包里，准备散步回家。这时她看到一个姑娘走向她，对方羞涩地说道：“姐姐，你好，这几天我每天都在这里听您演奏笛子。您吹的笛声真好听，每天听完笛声，我的心情就好多了。”

林涵很诧异：“是吗？我有什么能帮你的吗？”

年轻姑娘说道：“我今年大学毕业，本来要找工作的，但是几个月了我都没有找到理想的工作，这对我的打击很大，让我每天都很焦虑。我父母经常问我工作找得怎么样，我都羞于开口，不知道自己还能坚持多久，也许过不了多久，我就要回老家了。这几天听了你的音乐，我感到舒服、平静多了，你的笛声有一种安抚人心的力量。我以后能继续当你的听众吗？”

林涵笑道：“当然可以，我明天还来这儿，咱们不见不散。”

这是一个关于音乐疗愈的故事。那么，音乐真的具有这么强的疗愈力吗？我们知道，音乐是公众认可度很高的一种放松方式，但是你知道音乐也可以成为一味“药”吗？心理学家认为，优美的音乐环境可以提高大脑皮层的兴奋性，起到改善情绪、振奋精神、激发情感的作用，还能消除由各种因素造成的焦虑、抑郁、紧张等不良状态。

因此，音乐虽然不是治疗焦虑或压力的万能药，但确实是对抗焦虑或压力的有效方法。

如何运用音乐疗法来消除人们的不良情绪呢？目前常用的音乐治疗方法大致分为接受式音乐治疗、再创造式音乐治疗和即兴演奏式音乐治疗，这里主要给大家介绍接受式音乐治疗。接受式音乐治疗又称为聆听式音乐治疗，主要通过聆听特定的音乐来达到治愈心灵的目的，可细分为歌曲讨论、音乐回忆、音乐同步和音乐想象。

1.歌曲讨论

歌曲讨论一般运用于集体心理治疗中，即把多人聚在一起共同欣赏音乐，然后通过对音乐的讨论来达到干预心理的目的。心理学家认为，这种音乐体验通常能让个体更客观地了解和认识自己，从而调整身心。

比如，楼女士非常喜欢《向天再借五百年》这首歌，大家也都认为，这首歌很振奋人心，但又充满了无奈之感。楼女士恍然大悟，原来在生活中她就是一个充满激情与抱负的人，但是生活的琐事让她不能随心所欲。这首歌所表达的情感与她的心境不谋而合。

2. 音乐回忆

心理学家认为，每个人所处的年代不同，生活环境各异，都有自己特定的音乐回忆。比如一首抗战歌曲会引发经历过战争的老人的回忆，一首《我的祖国》会引发60年代的人的共鸣，一首《冬天里的一把火》会把70年代的人带入青葱往事的回忆中，一首《双截棍》会引发80年代的人的追忆……

因此，音乐回忆可以把个体带回曾经熟悉的生活经历或情感中，从而为治疗提供方向。比如一个对生活丧失热情的人，适当地播放一些他熟悉的、积极的音乐，可以唤起他对生活的勇气。

3. 音乐同步

音乐同步是指用录制好的音乐或即兴演奏的音乐来与治疗对象的生理和心理状态同步，等到治疗对象与音乐产生共鸣后，逐渐改变音乐，将治疗对象的情绪、心理状态引向预期的方向，达到治愈的目的。比如治疗一个焦虑症患者，治疗师可以先放一段与其情绪状态相似的音乐，一般是节奏高亢、情绪积极的音乐。等到患者与音乐产生共鸣后，再使用节奏明快、情绪欢快的音乐，之后再使用优美、舒缓的音乐。

4. 音乐想象

音乐想象指的是让治疗对象在为其特别创作的音乐中产生自发的自由联想，并通过自由联想的方法将不良体验挖掘出来，从而释放焦虑、紧张等情绪。比如放一段与大海有关的音乐，引发治疗对象对大海的联想。大海是广阔、神秘、包容的，在这样音乐的浸染下，求助对象能真切地感受到大海情境带给自己的舒适感。

总之，音乐是美好的语言，是治愈心灵的良药。音乐治疗正以独特的方式指引迷失心灵的人寻找家的方向。

焦虑日记：用文字排解焦虑

上学的时候，几乎每个人在寒暑假都有一项作业——写日记。作为一项强制性作业，写日记被看作提高写作能力的一种方式，如果有人能坚持下来，就能发现它给人带来的诸多好处，比如，留下了回忆，扩大了词汇量，增强了语言组织能力，培养了自律性……但是你知道吗？实验证明，书写（写日记）还能缓解人们的焦虑，改善情绪，增强免疫系统功能，帮助我们建立更好的人际关系。现在，写日记已成为心理治疗的辅助手段，广泛应用于临床心理治疗领域。

那么，为什么写日记有助于缓解焦虑，改善情绪呢？主要有以下4点原因。

1. 写日记是“宣泄”情绪的方式

有的人在经历不愉快的事情后，总喜欢把负面情绪压抑在心中，时间长了，这些被压抑的情绪就像被堵住的洪水，如果不及时“疏导”，可能会决堤，对人的身心健康产生危害。而写日记可以把自己的情绪都写下来，无疑是“宣泄”情绪的好方法。

2. 写日记能帮助我们识别想法，提高认知

很多时候，人们脑中的情绪和想法是混沌不清的，而通过写日记，可以把脑中模糊的情绪和想法转换为具体的文字符号，这有利于我们提高自我察觉的能力。因为日记记载了我们做过什么、说过什么、想过什么，我们能从中察觉到自己的负性认知，发现自己的问题，从而为做出改变提供契机。

如果说脑海中的情绪像一匹失控的野马，那么被付诸笔端的情绪则是一匹被我们牵着绳子的野马，我们对它有了掌控力，这在一定程度上有利于我们调节情绪。

3.写日记能增强自我体验，提升意义感

心理学家认为，那些拥有焦虑、悲观、抑郁等负面情绪的人往往对生命的体验感较差，也缺乏自我存在感，而写日记能帮助个体记录快乐、悲伤、幸福、绝望的体验……无论是什么样的体验，个体在写日记的过程中能真切地感受到生活的酸甜苦辣，继而体验到生存的意义。

4.坚持写日记有利于提高自律性，避免焦虑情绪

写日记不难，但坚持写日记很难。心理学家认为，每天留给自己写日记的时间，记录所见所闻、所思所想，不仅能增强大脑中信息的传递、记忆与获取能力，更重要的是能提高我们的自律性。而一个拥有高自律性的人，是不太容易出现焦虑、紧张等负面情绪的。

总之，以上4点充分证明了写日记是缓解焦虑、改善情绪的好方法。那么，你会写日记吗？一般来说，心理学家认为写日记不必拘泥于形式，随意写就好，不用过于追求完美。但是为了让日记发挥更积极的作用，依然有3点需要注意。

（1）写日记要让我们感到很安全，我们才能随心所欲地抒发自己的情绪和情感。因此，我们可以准备带锁的日记本，或者把博客、QQ空间等设置成私密状态，这样我们就无须担心自己的消极情绪会传染给他人，也无须担心他人对我们的日记进行评价。

（2）在日记中我们可以宣泄负面情绪，但同时我们也要在日记中多鼓励自己、安慰自己，比如写“你很棒”“没事的”“继续努力就好了”等。写出来的积极话语比心理暗示更有力量，也有助于我们将负面情绪引导为积极情绪。

（3）写日记可以天马行空，但如果感到消极沮丧、焦虑紧张，那么心理学家建议大家把情绪产生的前因后果写清楚，这样有利于我们自察与自省。如果我们不知是什么引发了情绪，我们可以把情绪描述出来，比如我的身体感受到了什么，我做了什么，我说了什么。

总之，把烦恼的事记录下来，我们就有了掌控它并击败它的能力。所以，不妨从今天起写日记吧！

活在当下，让焦虑走开

林静是一名心理医生。这天，她走在上班的路上，偶然遇到多年不见的室友佳佳，两人开心得抱在一起。就这样，两人重新联系起来，经常约着一起逛街，一起看电影。

佳佳也经常拿自己的情感问题向林静讨教，她说道："大学时你就知道我的想法。我想25岁结婚，27岁生孩子。你看，我现在31岁了，还是单身。你说这是为什么呢？每段感情我都很投入，但都有始无终。"

她还会向林静提出各种问题："我最近新交了个男朋友，你见过的，觉得怎么样？你觉得和我前男友有可比性吗？我离开前男友是正确的选择吧？我和他在一起会幸福吗？他以后会不会出轨啊？要是离婚我该怎么办呢？……"

一连串的问题砸向林静，作为一名心理医生，刚开始的时候，林静会很专业地帮佳佳分析，就像奥特曼打小怪兽。等到林静把所有的小怪兽打跑后，她发现佳佳又主动把那些怪兽招惹来，总之就是反反复复在那些问题上打转。

有一次，佳佳又找到林静，想请她分析情感问题。林静打断道："你知道你的问题在哪儿吗？问题不在你的前男友身上，也不在你的现男友身上，问题出在你自己身上。你要学会控制你的大脑。难道你没有发现吗？

你一直在分析过去，神游未来，但从来没有关注当下，这是让你焦虑的原因。”

林静继续说道：“从时间维度来说，你的身心是分离的。身体在当下，但你的心要么在过去，要么在未来。你自己想想，是不是这样？”

林静的一番话说得佳佳陷入了沉思，林静趁热打铁道：“活在当下才是最重要的，不要去想未来结果会怎样，活在当下，享受当下。”

那么，你身边有像佳佳这样的人吗？他们会不断地对过去进行回忆、批判、懊悔，或者不断地对未来进行揣摩、猜测、忧虑……心理学家认为，总是活在过去与未来的人，感情多有不顺，在事业上也很可能停滞不前，因为活在过去与未来的“我”并不是真的“我”，而是大脑中想象出来的“小我”意识。真的“我”是活在此时此刻的，但“小我”的能量太大了，它吞噬了“我”，这样的“我”怎么能不感到焦虑呢？

有这样一个故事：

尼古拉有3个问题，想知道答案：什么时候是做事情的最佳时机？什么人是最重要的人？什么事是最应该做的事？

他的3个朋友都给他提供了答案。苍鹭说要想知道做事情的最佳时机就要提前做好计划，最重要的人是接近天堂的人，最应该做的事是飞翔。猴子说最佳时机需要仔细观察，最重要的人是那些能治愈痛苦的人，最应该做的事是天天开心。猎狗说最佳时机就是有人帮你的时候，最重要的人是制定规则的人，最应该做的事是战斗。

3个好朋友分别站在各自的立场给出了答案，但尼古拉觉得这些答案都不尽如人意，于是他向智者乌龟请教，它活得这么久，肯定知道答案。

乌龟正在整理菜园，听完尼古拉的问题后，笑了笑，没有回答，于是尼古拉帮乌龟整理菜园。活刚干完，尼古拉就听到了救命声，他连忙跑出去，原来是熊猫妈妈受伤了，于是他把熊猫妈妈带到乌龟家，帮熊猫妈妈处理伤口，并把熊猫宝宝也带来陪伴熊猫妈妈。熊猫妈妈非常感激，伤口痊愈后，它们就离开了。

但尼古拉依然困惑于那3个问题的答案，乌龟告诉他：“你帮我翻地的时候就是最重要的时刻，我就是最重要的人，帮我翻地就是最应该做的事。当熊猫受伤时，最重要的时刻就是你帮它疗伤并照顾它的孩子，熊猫母子就是最重要的人，保护它们就是最应该做的事。”

尼古拉终于找到了答案，原来，最重要的时刻就是当下，最重要的人就是当下和我们在一起的人，最应该做的事是当下要做的事。这才是生命存在的意义。

所以，心理学家告诉我们，应该活在当下，过分思虑过去与将来是一种无效的思考，除了消耗能量，还会带来焦虑和担忧。

那么，如何才能活在当下，感知生命的每一刻呢？心理学家提出了如下4点建议。

1.调用多种感官来专注于当下

当你意识到自己正在做什么时，说明你已经在“留心”当下了。为了更好地专注于当下，我们可以调用自己的感官，看看眼前的小鸟、大树，闻闻身边的草木清香，聆听身边的声音，触摸手边的物体，感受阳光的温暖、衣服的质感……

2.不做念头的奴隶，放弃钻牛角尖

当开始胡思乱想时，当开始批判自己的行为时，我们的头脑与身体就产生了隔阂。这时，我们要赶紧制止这种思

想，尽管这很难。心理学家认为，这个时候我们可以做一些自己擅长的事。

3. 拍打大腿或拧胳膊

心理学家认为，“当下”属于觉知的范畴，过去与未来属于意识范畴，觉知的缺失会使部分人把注意力放在过去与未来。觉知指的是对身体的存在、声音、光线、味道等的感知能力。当发现自己走神时，可以通过这种方式把自己拉回当下，感知已有。当然，察觉自己走神了本身是件不容易的事，不然也就不会产生焦虑了，因此我们可以让别人帮助我们，一旦发现我们走神，立刻拍打我们的大腿或者拧胳膊，把我们拉回现实。

4. 聆听他人

倾听他人的话，也可以阻止自己的大脑胡思乱想。不过，倾听是有技巧的，比如要紧盯着对方的脸，适当地和对方进行眼神接触。观察对方的神态表情，适时做出点头、微笑等动作，站在对方的立场感受他，与他产生共鸣。总之，把每次倾听看成送给自己的礼物，一份可以从中学习的礼物。如果我们总是期待着谈话结束，那说明我们沉浸在自己的意念里，没有活在当下。

小测试：你的睡眠质量如何？

匹兹堡睡眠质量指数（Pittsburgh sleep quality index，PSQI）是美国匹兹堡大学精神科医生比斯博士等人于1989年编制的。该指数量表适用于睡眠障碍患者、精神障碍患者评价睡眠质量，同时也适用于一般人睡眠质量的评估。读者可以根据自身情况进行测评，或到相关专业医院咨询。

图书在版编目 (CIP) 数据

焦虑星人自救指南：八种改变焦虑习惯的有效方法 / 刘玉涛编著 .—北京：中国法制出版社，2021.7

ISBN 978-7-5216-1862-4

Ⅰ . ①焦… Ⅱ . ①刘… Ⅲ . ①焦虑—心理调节—通俗读物 Ⅳ . ① B842.6-49

中国版本图书馆 CIP 数据核字（2021）第 086689 号

策划编辑：孙璐璐（cindysun321@126.com）

责任编辑：周熔希　　封面设计：汪要军

焦虑星人自救指南：八种改变焦虑习惯的有效方法

JIAOLÜXING REN ZIJIU ZHINAN: BA ZHONG GAIBIAN JIAOLÜ XIGUAN DE YOUXIAO FANGFA

编著 / 刘玉涛

经销 / 新华书店

印刷 / 三河市国英印务有限公司

开本 / 880 毫米 ×1230 毫米　32 开　　印张 / 7　字数 / 122 千

版次 / 2021 年 7 月第 1 版　　2021 年 7 月第 1 次印刷

中国法制出版社出版

书号 ISBN 978-7-5216-1862-4　　定价：39.80 元

值班电话：010-66026508

北京西单横二条 2 号　邮政编码 100031　　传真：010-66031119

网址：http://www.zgfzs.com　　**编辑部电话：010-66038703**

市场营销部电话：010-66033393　　**邮购部电话：010-66033288**

（如有印装质量问题，请与本社印务部联系调换。电话：010-66032926）